Vente des 6, 7 et 8 Juin 1911

(HOTEL DROUOT)

Commissaire-Priseur : Mᵉ ANDRÉ DESVOUGES

BIBLIOTHÈQUE

DE

FEU M. LÉON MANCHON

Membre de la Société des Amis des livres,
des Cent Bibliophiles, etc.

PREMIÈRE PARTIE

LIVRES ILLUSTRÉS DU XVIIIᵉ SIÈCLE
LIVRES ILLUSTRÉS DE L'ÉPOQUE ROMANTIQUE
BEAUX LIVRES MODERNES ILLUSTRÉS
ÉDITIONS ORIGINALES D'AUTEURS CONTEMPORAINS

PARIS

LIBRAIRIE HENRI LECLERC

219, RUE SAINT-HONORÉ, 219
ET 16, RUE D'ALGER

1911

BIBLIOTHÈQUE
DE FEU M. LÉON MANCHON

LA VENTE AURA LIEU

Les Mardi 6, Mercredi 7 et Jeudi 8 Juin 1911

A 2 heures précises

HOTEL DES COMMISSAIRES-PRISEURS, 9, RUE DROUOT

Salle N° 9

Par le ministère de Me **ANDRÉ DESVOUGES**, commissaire-priseur

26, RUE GRANGE-BATELIÈRE, 26

Successeur de Me Maurice DELESTRE

Assisté de **M. HENRI LECLERC**, libraire

219, RUE SAINT-HONORÉ, 219

ET 16, RUE D'ALGER

CONDITIONS DE LA VENTE

La vente se fait au comptant.

Les acquéreurs paieront 10 pour 100 en sus des enchères.

Les livres vendus devront être collationnés dans les vingt-quatre heures de l'adjudication. Passé ce délai, ils ne seront repris pour aucune cause.

M. Leclerc se réserve la faculté, dans l'intérêt de la vente, de réunir ou de diviser les numéros du catalogue. Il remplira les commissions qu'on voudra bien lui confier.

BIBLIOTHÈQUE

DE

FEU M. LÉON MANCHON

Membre de la Société des Amis des livres,
des Cent Bibliophiles, etc.

———

PREMIÈRE PARTIE

LIVRES ILLUSTRÉS DU XVIIIe SIÈCLE
LIVRES ILLUSTRÉS DE L'ÉPOQUE ROMANTIQUE
BEAUX LIVRES MODERNES ILLUSTRÉS
ÉDITIONS ORIGINALES D'AUTEURS CONTEMPORAINS

PARIS

LIBRAIRIE HENRI LECLERC

219, RUE SAINT-HONORÉ, 219
ET 16, RUE D'ALGER

———

1911

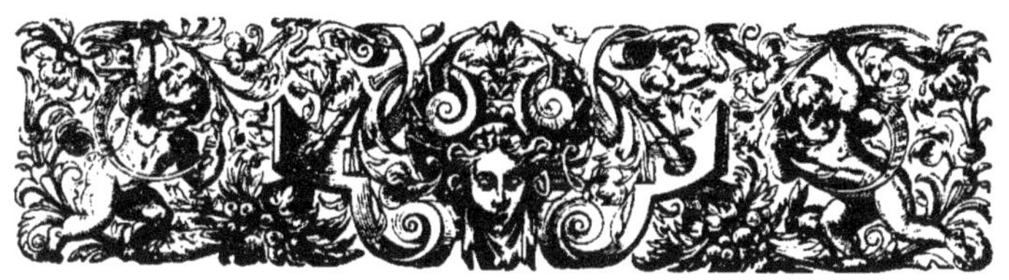

I. — LIVRES ANCIENS

1. ART (L') de plumer la poule sans crier. *A Cologne, chez Robert Le Turc, au coq hardi,* 1710, in-12. mar. rouge, angles et dos ornés, large dent. int., tr. dor. (*Duru*).

   Frontispice gravé.
   Exemplaire bien relié.

2. BÉROALDE DE VERVILLE (François). Le Moyen de parvenir. Nouvelle édition, *A**** 100070057 (Paris, chez Grangé,* 1757), 2 vol. pet. in-12, mar. rouge, fil., dos orné, tr. dor. (*Rel. anc.*).

   Edition augmentée d'une dissertation par Bern. de La Monnoye.
   La figure du premier volume manque.
   Exemplaire de Racine Demonville avec son nom en lettres d'or sur les plats de la reliure.

3. CALENDRIER DE LA COUR pour l'année 1826 imprimé pour la famille royale et la maison de sa Majesté. *Paris, Le Doux Hérissant, s. d.* (1826), in-32, mar. bleu à longs grains, pet. dent. sur les plats, dos orné, tr. dor.

   Aux armes de Louise de Bourbon, duchesse de BERRY, fille du roi des Deux-Siciles.

4. CATÉCHISME DES GENS MARIÉS [par P. Feline]. *S. l. n. d. [Caen, Le Roy,* 1782], in-12 de 53 pp., veau fauve, fil., dos orné, tr. dor.

   Cet ouvrage, censuré et soigneusement supprimé par l'autorité ecclésiastique, contient, parmi quelques préceptes moraux et religieux, des détails scabreux.

5. **LA MOTHE LE VAYER** (François de). Hexameron rustique ou les six journées passées à la campagne entre des personnes studieuses. *A Amsterdam, chez Pierre Mortier*, 1698, pet. in-12, mar. grenat, fil., angles et dos ornés, dent. int., tr. dor. (*Allô*).

II. — LIVRES ILLUSTRÉS
DU XVIIIᵉ SIÈCLE

6. ALMANACH. Estelle. *A Paris, chez Boulanger, s. d.* (1789),
in-24, mar. rouge, dent. sur les plats, dos orné, dent. int., tr.
dor.. avec porte-crayon (*Rel. anc.*).

> Titre gravé, calendrier pour 1789, 12 figures, et feuilles de *Souvenirs*
> gravées.

7. ANACRÉON, Sapho, Bion et Moschus, traduction nouvelle en
prose, suivie de la Veillée des fêtes de Vénus, et d'un choix de
pièces de différens auteurs par M. M*** C**** (Moutonnet de
Clairfond). *A Paphos, et se trouve à Paris chez Le Boucher,*
1773, gr. in-8, veau marb., fil.. dos orné, dent. int., tr. dor.
(*Rel. anc.*).

> 1 figure-frontispice par *Eisen*, gravée par *Massard*, 12 vignettes et
> 13 culs-de-lampe par *Eisen*, gravés par *Massard*.
> Exemplaire contenant « Héro et Léandre », *Paris*, 1774.
> Mouillures dans les marges inférieures et frontispice de la première
> partie, remonté.

8. AQUIN DE CHATEAU-LYON (D'). Contes mis en vers par un
petit cousin de Rabelais (par D'Aquin de Chateau-Lyon). *A Londres et se trouve à Paris, chez Ruault,* 1775, in-8, veau marb.,
tr. rouges (*Rel. anc.*).

> Titre gravé orné d'un joli fleuron et 1 figure d'*Eisen*, gravée par *De
> Launay*.

9. BERNARD PICART. Impostures innocentes ou recueil d'estampes d'après divers peintres illustres tels que Rafael, Le
Guide, Carlo Maratti, Le Poussin, Rembrandt, etc., gravées...

par Bernard Picart.... avec son éloge historique et le catalogue de ses ouvrages. *A Amsterdam, chez la Veuve de Bernard Picart*, 1734, in-fol., demi-bas. rouge non rogné (*Rel. anc.*).

Ouvrage orné du portrait de Bernard Picart, de 78 planches gravées à l'eau-forte, tirées sur 68 feuillets.

10. BERQUIN. Idylles, par M. Berquin. *Paris, Ruault*, 1775, 2 tomes en 1 vol. pet. in-8, mar. rouge, fil., dos orné, dent. int., tr. dor. (*Chambolle-Duru*).

1 frontispice dessiné et gravé par *Marillier* et 24 figures par *Marillier*, gravées par *Gaucher, de Ghendt, Le Gouaz, Delaunay, Lebeau*, etc.
Exemplaire contenant les figures AVANT les numéros.

11. BION ET MOSCHUS. Idylles, traduites en français par J.-B. Gail. Ouvrage orné de figures dessinées par Le Barbier. *De l'imprimerie de Didot jeune. A Paris, chez Gail, l'an troisième* (1795), in-18. fig.. mar. rouge. pet. dent., dos orné, dent. int., tr. dor. (*Rel. anc.*).

Ce volume est orné du portrait de Gail et de 3 (sur 4) figures de *Le Barbier* gravés par *Gaucher, Dambrun* et *Delignon*.
Exemplaire contenant les 3 figures en deux états : eaux-fortes et épreuves avant la lettre.

12. BOCCACE. Contes et nouvelles de Bocace, florentin. Traduction libre, accommodée au goût de ce temps et enrichie de figures en taille-douce gravées par M. Romain de Hooge. *A Amsterdam, chez George Gallet*, 1697, 2 vol. pet. in-8, mar. rouge, fil., dos orné, dent. int., tr. dor.

PREMIER TIRAGE des gravures de *Romain de Hooge*.
Reliure, très fraiche, du commencement du dix-neuvième siècle.

13. BORDES. Parapilla, poème et autres œuvres libres et galantes de feu M. B... (Bordes). Nouvelle et dernière édition. *A Florence, chez Paperini*, 1782, in-18, broché.

1 frontispice et 4 (sur 5) figures non signés mais de *Borel*, gravés par *Elluin*.
Exemplaire, NON ROGNÉ ; incomplet de la figure du 5e chant.

14. CANTIQUES ET POTS-POURRIS. *A Londres (Paris, Cazin)*, 1789, 6 parties en 1 vol. in-18, veau marb. fil., dos orné, dent. int., tr. dor. (*Rel. anc.*).

Exemplaire de la bonne édition orné d'un frontispice et de 6 gravures de *Borel*, gravés par *Elluin*, non signés.
Tache dans une marge de quelques feuillets.

15. CRÉBILLON FILS. Tansaï et Neadarné. Histoire japonaise

avec figures. *A Pékin* (Paris), 1743, 2 vol. pet. in-12, veau fauve, dos orné, tr. rouges (*Rel. anc.*).

> Titre gravé et 5 figures non signées.

16. DIONIS DU SÉJOUR (Mlle). Origine des Grâces, par Mademoiselle D*** (Dionis du Séjour). *A Paris*, 1777, in-8, mar. bleu, fil., dos orné, dent. int., tr. dor. (*Chambolle-Duru*).

> 6 figures par *Cochin*, gravées par *J. Aliamet, de Launay, J. Masquelier, D. Née, de Saint-Aubin*, etc., etc.
> L'exemplaire est un peu court de marges.

17. DORAT. Lettre de Barnevelt dans sa prison à Trumau son ami, précédée d'une lettre de l'auteur (Dorat). *A Paris, chez Sébastien Jorry*, 1763, in-8, 1 figure, 1 vignette et 1 cul-de-lampe par Eisen. gravés par de Longueil, broché. — Pezay (Marquis de). Le Pot-Pourri, épître à qui on voudra, suivie d'une autre épître par l'auteur de Zélis au bain (Marquis de Pezay). *Ibid., id.*, 1764, in-8, 2 figures, 2 vignettes et 2 culs-de-lampe par Eisen, gravés par Lemire, Aliamet et de Longueil, cartonn. demi-toile noire, tr. rouges. — Ens. 2 vol.

18. DORAT. La Déclamation théâtrale, poëme didactique en trois chants. précédé d'un discours. *A Paris, de l'imprimerie de Sébastien Jorry*, 1766. In-8, figures, mar. rouge, encad. de deux filets ondulés. dos orné. tr. dor. (*Rel. anc.*).

> 1 frontispice et 4 figures d'*Eisen*, gravés par *de Ghendt*.
> Exemplaire sur papier de Hollande.

19. DORAT. Les Baisers. précédés du Mois de mai. poëme. *A La Haye, et se trouve à Paris, chez Lambert et Delalain*. 1770, in-8, front., figures, vignettes et culs-de-lampe par Eisen. dos et coins mar. vert. dos orné, tr. dor. (*Belz-Niedrée*).

> Exemplaire sur grand papier de Hollande, avec les titres en rouge et noir et renfermant les *Imitations de poètes latins*.
> Petite tache sur le titre.

20. DORAT. Les Sacrifices de l'amour ou lettres de la vicomtesse de Senanges et du chevalier de Versenay. Nouvelle édition. *A Amsterdam, et se trouve à Paris, chez Delalain*, 1772, 2 vol. gr. in-8, veau marb., fil., dos orné. tr. dor. (*Rel. anc.*).

> 2 figures par *Marillier*, gravées par *Duclos* et *de Ghendt*.
> Papier de Hollande.

21. DORAT. Fables nouvelles. *A la Haye, et se trouve à Paris,*

chez Delalain, 1773, 2 tomes en 1 vol. in-8, mar. vert foncé, dent.. dos orné, dent. int., tr. dor. (*Petit*).

> 2 frontispices par *Marillier,* gravés par de *Ghendt,* 1 figure de *Marillier,* gravée par *Delaunay,* 1 fleuron, 99 vignettes et 99 culs-de-lampe de *Marillier,* gravés par *Arrivet, Baquoy, Delaunay, Duflos, Lingée, de Longueil,* etc., etc.
> Exemplaire imprimé sur papier moyen; la figure de la Vérité n'est pas répétée au second volume.

22. **DUBREUIL. La Pucelle de Paris, poëme en douze chants et en vers.** *A Londres,* 1776, in-8, figure, veau fauve, fil., dent. intér., tr. dor. (*Rel. anc.*).

> Jolie figure de *Desrais* gravée par *Deny.*
> Exemplaire de Pixerécourt, relié par Derome.

23. **DU BUISSON. Le Tableau de la volupté ou les quatre parties du jour, poëme en vers libres, par M. D. B. (Du Buisson).** *A Cythère, au temple du plaisir,* 1771, pet. in-8, dos et coins veau fauve. dos orné (*Rel. anc.*).

> Livre recherché, orné d'un frontispice, de 4 figures, 4 vignettes et de 4 culs-de-lampe par *Eisen,* gravés par de *Longueil.*

24. **DUCLOS. Acajou et Zirphile. Conte.** *A Minutie,* 1744, in-4, dos et coins mar. citron, fil., dos orné, tête dor., non rogné (*Allô*).

> Frontispice et 9 figures de *Boucher,* gravées par *Chédel.*
> Exemplaire NON ROGNÉ.

25. **DU LAURENS. Le Compère Matthieu ou les bigarrures de l'esprit humain.** (*Paris*), *Imprimerie de Patris,* 1796, 3 vol. in-8, dos et coins chag. bleu, fil., dos orné, tête dor. (*Belz-Niedrée*).

> 9 figures dont la première est seule signée D. 1795.
> Exemplaire NON ROGNÉ.

26. **FRANÇOIS (Jean-Charles). Livre de desseins.** *Chez François... à Paris, s. d.,* pet. in-4 broché.

> Recueil de 16 planches gravées à la manière du crayon et tirées en sanguine. Elles sont gravées par J.-C. François (*Nagler, Monogr.* II, 257) sur les dessins de *J.-M. Fredou* et de *Ch. Eisen,* et représentent des bustes de femmes, avec ou sans chapeaux, d'hommes et d'enfants.
> Fortes taches en tête et en bas de toutes les planches.

27. **FROMAGEOT. Anecdotes de la bienfaisance ou annales du règne de Marie Thérèse. Ouvrage enrichi de très belles figures.** *A Paris, chez Nyon,* 1777. in-8, veau marb., tr. rouges (*Rel. anc.*).

> 1 portrait de Marie Thérèse gravé par *Cathelin,* d'après *Ducreux,*

2 portraits en médaillon gravés d'après *Moreau* par *Gaucher* en tête de la dédicace, et 4 figures par *Moreau*, gravées par *Duclos, de Launay, Prévos!* et *Simonet.*
Petites taches.

28. **FROMAGET.** Le Cousin de Mahomet. Orné de figures. *A Constantinople* (Paris), 1781, 2 vol. in-18, veau fauve, fil., dos orné, dent. int., tr. dor. (*Rel. anc.*).

Réimpression de l'édition de 1750, ornée de 5 figures par *Clavareau,* gravées par *Fessard.*

29. **GONDOT** (Pierre-Thomas). Le Prix de la beauté, ou les couronnes, pastorale en trois actes, et un prologue, avec des divertissemens, sur des airs choisis et nouveaux. *A Paris, chez De Lormel,* 1760, in-8, veau marb., tr. roug. (*Rel. anc. fatiguée*).

Joli livre illustré contenant : 1 frontispice de *Martinet,* gravé par *Thérèse Martinet;* 1 fleuron sur le titre dessiné et gravé par *Thérèse Martinet,* 1 vignette, 1 lettre ornée et 4 belles figures de *Martinet* et 1 cul-de-lampe par *Thérèse Martinet.* Le frontispice est répété devant les 45 planches gravées de musique et chansons.
Nom sur le titre.

30. **GRAFFIGNY** (Mme de). Lettres d'une Péruvienne. traduites du français en italien par M. Deodati. Edition ornée du portrait de l'auteur, gravé par M. Gaucher, et de 6 gravures exécutées par les meilleurs artistes, d'après les dessins de M. Le Barbier l'aîné. *A Paris. de l'Imp. de Migneret,* 1797. gr. in-8, mar. rouge à longs grains, dent. sur les plats, dos orné, dent. int., tr. dor. (*Rel. de l'époque*).

Exemplaire imprimé sur PAPIER VÉLIN contenant le portrait et les 6 figures de *Le Barbier* en épreuves AVANT la lettre.
Reliure fraîche.

31. **GRAVELOT ET COCHIN.** Iconologie par figures ou traité complet des allégories, emblèmes, etc. Ouvrage utile aux artistes, aux amateurs et pouvant servir à l'éducation des jeunes personnes. *A Paris, chez Lattré, s. d.,* 4 vol. in-8, dos et coins mar. grenat, fil., dos orné, tête dor. (*Smeers*).

Exemplaire tiré sur GRAND PAPIER, contenant un frontispice renfermant le portrait de Cochin par *Monnet,* gravé par *Gaucher,* 1 portrait de Gravelot par *Gaucher,* 3 titres gravés par *Choffard, De Ghendt* et *Legrand* et 202 (sur 204) figures par Gravelot et Cochin gravées par *Choffard, Le Mire, Le Veau,* etc., etc.
Deux planches manquent.

32. **GRESSET.** Œuvres de Gresset (et le Parrain magnifique). A

Paris, chez Ant.-Aug. Renouard, 1810-1811, 2 vol. in-8, de ..i-
rel. veau vert, dos orné, tr. marb. (*Rel. de l'époque*).

> 1 portrait non signé et 8 figures par *Moreau,* dont 7 gravées par *Simo-
> net* et 1 par *de Ghendt.*

33. HAMILTON (Cte Antoine). Œuvres du comte Antoine Hamilton. *Paris, chez Ant.-Aug. Renouard,* 1812, 4 vol. in-8, veau
fauve, dent. à froid, dos orné, pet. dent. int., tr. marb. (*Rel. de
l'époque*).

> Exemplaire imprimé sur PAPIER VÉLIN, contenant 4 jolies figures par
> *Moreau,* gravées par *de Ghendt* et *Trière* et 8 portraits dessinés et gravés
> par *Saint-Aubin.*
> Le quatrième volume renferme : *Suite des quatre facardins et de
> Zeneyde contes d'Hamilton terminés par M. de Lévis.* Paris, Aug. Re-
> nouard, 1813.

34. IMBERT. Le Jugement de Paris, poëme en IV chants par
M. Imbert. *Amsterdam (Paris).* 1772, gr. in-8, dos et coins veau
fauve, dos orné, non rogné (*Champs*).

> Titre gravé par *Moreau,* 4 figures par *Moreau,* gravées par *Née,*
> *Duclos, Masquelier* et *Delaunay* et 4 vignettes par *Choffard.*
> Exemplaire NON ROGNÉ, imprimé sur GRAND PAPIER.

35. IMBERT. Historiettes ou nouvelles en vers par M. Imbert. A
Amsterdam (Paris, Delalain), 1774, in 8, veau lilas, ornements
à froid, dos orné, pet. dent. int., tr. dor. (*Rel. romantique*).

> 1 titre dessiné et gravé par *Moreau,* 1 figure et 4 vignettes par *Moreau,*
> gravées par *Masquelier* et *Née.*
> On y a ajouté 1 figure de *Marillier,* gravée par *De Ghendt* et 1 cul-
> de-lampe par *P. Duflos.*

36. JUNQUIÈRES. Caquet Bon-Bec, la poule à ma tante, poëme
en sept chants. Nouvelle édition. A *Paris, chez Renard,* 1802,
in-12, dos et coins veau fauve, dos orné (*Rel. de l'époque*).

> Titre gravé non signé et et 1 figure de *Gravelot,* gravée par *C. Ba-
> quoy.*
> Exemplaire NON ROGNÉ.

37. LA CHAU et LE BLOND (Abbés de). Dissertation sur les
attributs de Vénus. A *Paris, de l'Imprimerie de Prault,* 1776,
in-4, mar. grenat, jans., dent. int., tr. dor. (*Gruel*).

> Exemplaire contenant la figure de la « Vénus Anadyomène » en
> 3 états dont un avant l'encadrement.

38. LA CHAU et LE BLOND (Abbés de). Description des principales pierres gravées du cabinet de S. A. S. Monseigneur le duc
d'Orléans, premier prince du sang. A *Paris, chez M. l'abbé de*

Lachau, chez M. l'abbé Le Blond et chez Pissot, 1780-1784. 2 vol.
pet. in-fol., veau marb., dos orné, tr. jasp. (*Rel. anc.*).

Frontispice avec portrait du duc d'Orléans, par *Cochin*, 1 fleuron sur
chaque titre, 2 vignettes, 178 planches de pierres gravées et 54 culs-de-
lampe, gravés par *Saint-Aubin.*
Cet exemplaire ne contient pas les 7 planches de médailles spin-
triennes. Quelques planches sont fortement jaunies.
Excellente reliure ancienne.

39. LACLOS (Choderlos de). Suite complète des 8 jolies figures
de Le Barbier gravées par Dambrun, Delignon, Halbou, Simonet et Thomas pour *Les Liaisons dangereuses.* Genève, 1792.
4 vol. in-18. Reliée en 1 vol. in-8, dos et coins mar. brun
(*Champs*).

Suite complète en deux états AVANT et avec la lettre.
On y a joint 1 portrait gravé par *Morel* d'après *Carmontelle.*
Toutes ces figures (sauf le portrait) sont remontées de format in-8.

40. LACLOS (Choderlos de). Les Liaisons dangereuses, lettres
recueillies dans une société et publiées pour l'instruction de
quelques autres par C*** de L*** (Choderlos de Laclos). *Londres
(Paris)*, 1796, 2 vol. in-8, veau fauve, dos de mar. rouge orné,
tr. jasp. (*Rel. anc.*).

PREMIER TIRAGE.
Ouvrage orné de 2 frontispices et 13 figures par *Monnet, Mlle Gérard*
et *Fragonard* fils, gravés par *Baquoy, Duplessi-Bertaux, Dupréel, Lan-
glois, Lemire,* etc...

41. LA FONTAINE. Contes et nouvelles en vers. Nouvelle édition enrichie de tailles-douces, corrigée et augmentée. *A Amsterdam, chez Pierre Brunel,* 1699, 2 tomes en 1 vol. pet. in-8, veau
fauve, fil., tr. rouges.

Edition ornée de figures de *Romain de Hooge*, à mi-page.

42. LA FONTAINE. Contes et nouvelles en vers. *A Amsterdam
(Paris, Barbou)*, 1762. 2 vol. pet. in-8, figures, mar. rouge. fil.,
dos orné, dent. int., tr. dor. (*Chambolle-Duru*).

Edition dite *des Fermiers généraux,* contenant les portraits de La Fontaine d'après *Rigaud,* gravé par *Fiquet,* d'Eisen, d'après *Vispré,* gravé
par *Fiquet* et de *Choffard,* en cul-de-lampe, fait par lui-même ; 80
figures par *Eisen,* gravées par *Aliamet, Baquoy, Choffard, Delafosse,
Flipart, Lemire, Leveau, de Longueil* et *Ouvrier ;* 4 vignettes et 53 culs-
de-lampe, par *Choffard.*
L'exemplaire contient en plus l'épreuve découverte du *Diable de Pape-
figuière* et le *Remède,* avant les tailles dans le parquet et les rideaux, et
6 figures refusées, savoir : *La Servante justifiée, la Gageure des trois
commères* (2e gravure), *la Clochette, Richard Minutolo, les Cordeliers de
Catalogne, le Tableau.*

43. LA FONTAINE. Contes et nouvelles en vers. *A Paris, de l'Imp. de P. Didot l'aîné*, an III-1795, 2 vol. in-4, mar. bleu, comp. de fil. et fleurons aux angles, dos orné, dent. int., tr. dor. (*Petit*).

> Exemplaire contenant la suite complète des 20 figures de *Fragonard* (dont 3 ᴀᴠᴀɴᴛ les numéros), et auquel on a ajouté les pièces suivantes : 1° *La Gageure des trois commères* : Le *Poirier*, épreuve terminée avant la lettre ; *Le Fil*, épreuve terminée, tirage moderne. 2° *La Fiancée du roi de Garbe*, épreuve terminée avant la lettre. 3° La *Clochette*, épreuve terminée, tirage moderne. 4° *Le Juge de Mesle*, épreuve terminée, tirage moderne, et la suite complète du portrait, du titre, de la table et des 57 figures gravées à l'eau-forte par *Martial*, publiées par la Librairie Rouquette.

44. LA FONTAINE. Œuvres complètes de La Fontaine. Tome neuvième. Psyché. *A Paris, chez A. Nepveu*, 1820, 2 tomes en 1 vol. pet. in-12, mar. rouge à longs grains, large dent. sur les plats, dos orné, dent. int., tr. dor. (*Rel. de l'époque*).

> Portrait de La Fontaine gravé par *Bertonnier* d'après *Rigaud*, et 5 figures de *Chaudet* et *Desenne*, gravées par *Leconte, Dulompré*, etc.
>
> Exemplaire auquel on a ajouté la suite du portrait de La Fontaine, gravé par *Delvaux* d'après *Rigault* et des 8 figures de *Moreau*, gravées par *Delvaux* en épreuves ᴀᴠᴀɴᴛ ʟᴀ ʟᴇᴛᴛʀᴇ, pour l'édition *Didot*, 1797, 2 vol. in-12.

45. LA HARPE (M. de). Tangu et Felime, poëme en IV chants, par Mʳ de La Harpe. *Paris, chez Pissot*, 1780, pet. in-8, veau marb., fil., dos orné, tr. dor. (*Rel. anc.*).

> Titre gravé par *Marillier* et 4 jolies figures de *Marillier*, gravées par *Dambrun, de Ghendt, Halbou* et *Ponce*.
>
> On y a ajouté un double de la figure du IIᵉ chant.

46. LA MOTTE (de). Fables nouvelles, dediées au Roy avec un discours sur la fable. *Paris, chez Grégoire Dupuis*, 1719. In-4, figures, demi-reliure, veau olive, tr. jasp. (*Rel. mod.*).

> Ouvrage orné d'un frontispice dessiné par *C.-A. Coypel*, gravé par *N. Tardieu*, et de 100 vignettes dans le texte, dessinées par *Gillot, C.-A. Coypel, B. Picart, Edelinck* et *Ranc*, gravées par *Gillot, N. Tardieu, Cochin, Edelinck, B. Picart* et *Simoneau*.
>
> Mouillures vers la fin du volume.
>
> Trou dans le feuillet E₃.
>
> Petit exemplaire imprimé sur ɢʀᴀɴᴅ ᴘᴀᴘɪᴇʀ.

47. LAUJON. Les A-propos de société ou chansons de M. L.... (Laujon). S. l. (*Paris*), 1776, 2 vol. — Les A-propos de la folie ou chansons grotesques grivoises et annonces de parades. (*Paris*), 1776. — Ens. 3 vol. in-8, cartonn. vélin blanc.

> 3 frontispices de *Moreau*, 3 figures par *Moreau*, gravées par *De Launay, Simonet, Martini* et 3 vignettes par *Duclos* et *Martini*.

Exemplaire NON ROGNÉ auquel on a ajouté le tirage à part de la vignette du tome II et une seconde figure du tome 1er en épreuve avant la tomaison.

48. LEFRANC DE POMPIGNAN. Éloge historique de Monseigneur le duc de Bourgogne. *A Paris, de l'Imprimerie royale,* 1761, in-8, broché.

> Portrait du duc de Bourgogne par *Frédou,* gravé par *Beauvarlet,* 2 jolis fleurons et 2 vignettes dessinés par *Cochin,* gravés par *Baquoy, Flipart* et *Prévost.*
> Exemplaire NON ROGNÉ.

49. LEGOUVÉ (Gabriel). Le Mérite des femmes et autres poésies par Gabriel Legouvé. *A Paris, chez Ant.-Aug. Renouard,* 1813, in-12, mar. bleu à longs grains, pet. dent. int., tr. dor. (*Thouvenin*).

> Édition ornée de 4 figures dessinées par *Moreau, Guerin* et *Desenne,* gravées par *De Ghendt, Simonet* et *Villiers.* On y a joint une figure avant la lettre tirée sur Chine, publiée à Londres, et un portrait de Legouvé, gravé par *Bertonnier.*
> Joli exemplaire imprimé sur papier vélin contenant les figures en épreuves AVANT la lettre.

50. LE MIERRE. La Peinture, poëme en trois chants par M. Le Mierre. *A Paris, chez Le Jay, s. d.* (1769), in-4, cartonné.

> Exemplaire NON ROGNÉ; titre gravé et 3 belles figures par *Cochin,* gravées par *Prévost, Ponce* et *Saint-Aubin.*

51. LEVAYER DE BOUTIGNY. Tarsis et Zélie, nouvelle édition. *A Paris, chez Musier,* 1774, 3 vol. gr. in-8, dos et coins veau marb., dos orné (*Rel. anc.*).

> Ouvrage orné de 3 frontispices par *Cochin, Moreau* et *Eisen,* gravés par *Gaucher, Ponce* et *Née,* de 3 fleurons et 20 vignettes par *Eisen,* gravées par *Helman, de Longueil, Masquelier,* etc.
> Exemplaire entièrement NON ROGNÉ, auquel on a ajouté L'EAU-FORTE du frontispice du tome III, placé par erreur au tome premier.

52. LONGUS. Les Amours pastorales de Daphnis et de Chloé. Traduites du grec de Longus par Amyot. *A Paris, de l'Imprimerie de P. Didot,* an VIII, 1800, gr. in-4, mar. rouge, large dent. à petits fers, dos orné, dent. int., tr. dor.

> Ouvrage orné de 9 figures de *Prudhon* et *Gérard,* gravées par *Roger, Massard, Godefroy,* etc.
> On y a ajouté un portrait de Firmin Didot, tiré sur papier de Chine.

53. MALFILATRE. Narcisse dans l'isle de Vénus. Poëme par

Malfilatre. *S. l. n. d. (Paris, imprimerie de Ch. Perronneau)*, in-18, fig., cartonn. papier (*Cartonn. anc.*).

> Édition ornée de 6 figures de *Chasselat*, gravées par *De Launay* ; elles sont AVANT la lettre.
> Exemplaire non coupé et non rogné.

54. **MARGUERITE DE NAVARRE.** Heptameron français, ou les nouvelles de Marguerite, reine de Navarre. *Berne, chez la nouvelle Société typographique*, 1792, 3 vol. in-8, demi-rel. mar. La Vall., tr. dor. (*Rel. mod.*).

> 1 frontispice (sur 3) par *Dunker*, gravé par *Eichler*, 73 figures par *Freudeberg*, gravées par *Guttenberg*, *Halbou*, *Henriquez*, etc., 72 vignettes et 72 culs-de-lampe par *Dunker*, gravés par lui-même, *Eichler*, *Pillet* et *Richter*.
> Les frontispices des tomes II et III manquent.

55. **MARMONTEL.** Contes moraux. *A Paris, chez J. Merlin*, 1765, 3 vol. in-8, veau marb. fil., dos orné, tr. marb. (*Rel. anc.*).

> Portrait par *Cochin*, gravé par *Saint-Aubin*, 3 titres et 23 figures par *Gravelot*, gravées par *Baquoy*, *Legrand*, *Lemire*, *de Longueil*, *Pasquier*, etc., etc.
> Exemplaire de PREMIER TIRAGE.

56. **MONTESQUIEU.** Le Temple de Gnide, revu, corrigé et augmenté. *Londres (Paris, Huart, 1742)*, figures. — WATELET. Silvie. *A Londres (Paris, chez Prault)*, 1743, figures. — 2 ouvr. en 1 vol. pet. in-8, veau marb., fil., dos orné, tr. dor. (*Rel. anc.*).

> Le *Temple de Gnide* contient 1 frontispice, 1 titre gravé avec fleuron, et 7 vignettes par *de Sève*, non signées.
> *Silvie* renferme d'un frontispice, 8 figures hors texte, 1 fleuron, 4 vignettes et culs-de-lampe dessinés par *Pierre*, gravés à l'eau-forte par *Watelet* et terminés par *Cochin*.

57. **MONTESQUIEU.** Le Temple de Gnide. Nouvelle édition avec figures gravées par M. Le Mire d'après les dessins de Ch. Eisen. Le texte gravé par Drouët. *A Paris, chez Le Mire*, 1772, gr. in-8, mar. tête de nègre, fil., dos orné, dent. int., tr. dor.

> Titre gravé, 1 frontispice renfermant le portrait de Montesquieu en médaillon et 9 belles figures d'*Eisen* gravées par *Le Mire*.
> Exemplaire auquel on a ajouté les 7 premières figures (*Temple de Gnide*) en épreuves AVANT LA LETTRE ; elles sont remontées.
> Trois de ces figures sont avec les remarques et découvertes.

58. **NOUGARET (P.-J.-B.).** Les jolis péchés d'une marchande de modes. par P.-J.-B. Nougaret. *A Paris, chez Desenne, s. d.*

(1801), in-8, veau fauve, pet. dent. à froid, dos orné, dent. int.,
tr. dor. (*Rel. de l'époque*).

> 1 frontispice non signé, attribué à *Queverdo* et gravé par *Bovinet*.
> Exemplaire imprimé sur PAPIER DE COULEUR.

59. OVIDE. Métamorphoses, en latin et en françois, de la traduction de M. l'abbé Banier. Avec des explications historiques.
A Paris, chez Delormel, 1767-1771. 4 vol. in-4, figures, veau
marb., fil., dos orné, tr. dor. (*Rel. mod.*).

> 3 planches de dédicace, 4 fleurons sur les titres des volumes, 30 vi-
> gnettes, 1 cul-de-lampe hors texte à la fin du dernier volume et 140
> figures chiffrées, y compris le frontispice, dessinées par *Boucher*, *Eisen*,
> *Gravelot*, *Leprince*, *Monnet*, *Moreau*, *Parizeau* et *Saint-Gois*, gravées par
> *Baquoy*, *Basan*, *Binet*, *Duclos*, *De Ghendt* et autres.
> Exemplaire de PREMIER TIRAGE dans une reliure moderne, imitant
> assez bien une reliure ancienne.

60. PEZAY (Le Marquis de). Zélis au bain, poème en quatre
chants. *A Genève. s. d.* (1763), in-8, mar. rouge, fil., dos orné,
dent. int., tr. dor. (*Reymann*).

> 1 titre d'*Eisen* gravé par *Lemire*, 4 figures, 4 vignettes et 4 culs-de-
> lampe d'*Eisen* gravés par *Aliamet*, *Lafosse*, *Lemire* et *de Longueil*.
> Le frontispice et trois figures portent, à l'encre, les lettres D. P. (De
> Pezay) et la quatrième, celle du chant troisième, est avant les noms
> des artistes.

61. QUERLON (Meunier de). Les Grâces. *A Paris, chez Laurent
Prault*. 1769, in-8, veau jasp., dos orné, tr. marb. (*Rel. anc.*).

> Titre gravé par *Moreau*, frontispice par *Boucher*, gravé par *Simonet* et
> 5 figures de *Moreau*, gravées par *de Launay*, *de Longueil*, *Massard* et
> *Simonet*.
> Exemplaire bien conservé.

62. RESTIF DE LA BRETONNE. Tableaux de la vie ou les mœurs
du dix-huitième siècle. Avec 17 figures en taille-douce. *A Neu-
wied sur le Rhin. chez la Société typographique et à Strasbourg,
chez J.-G. Treuttel. s. d.. 2 vol. in-18, brochés*.

> Ouvrage orné de 17 figures d'après *Freudenberg* et *Moreau*.
> Exemplaire NON ROGNÉ.

63. SAINT-LAMBERT. Les Saisons, poëme [par Saint-Lambert].
A Amsterdam, 1769, in-8, veau fauve, fil., dos orné, pet. dent.
int., tr. dor. (*Rel. anc.*).

> 5 figures de *Le Prince* et *Gravelot*, gravées par *Delaunay*, *Prévost*,
> *Rousseau*, *Saint-Aubin* et *Watelet*, 1 fleuron et 4 vignettes en-têtes par
> *Choffard*.

64. SAINT-LAMBERT. Les Saisons, poëme (contes, poésies fugi-

tives et fables orientales). Septième édition. *A Amsterdam*, 1775.
In-8, figures, veau marb., fil., tr. dor. (*Rel. anc.*).

> Les *Saisons* contiennent 5 belles figures de *Moreau*, gravées par *Delaunay, Duclos, Prévost* et *Simonet*, 1 fleuron sur le titre et 4 vignettes par *Choffard*.
> Les *Contes*, qui suivent les *Saisons*, contiennent 2 figures de *Moreau* gravées par *Lebas* et *Prévost*.

65. SAINT-PIERRE (Bernardin de). Paul et Virginie. Avec figures.
A Paris, de l'Imprimerie de Monsieur, 1789, in-18, mar. bleu, fil.,
dos orné, dent. int., tr. dor. (*Cuzin*).

> PREMIÈRE ÉDITION de ce célèbre roman ornée de 4 figures de *Moreau* et *Joseph Vernet*, gravées par *Girardet*, *Halbou* et *de Longueil*.

66. THÉOCRITE. Idylles de Théocrite, traduites par J.-B. Gail.
Edition ornée de figures dessinées par Barbier, Moreau et Chaudet. *A Paris, de l'imprimerie de Didot jeune, an IV* [1796], 2 vol.
in-12, mar. rouge à longs grains, fil. pleins et fil. droits et cour-
bes au pointillé, dos orné, dent. int., gardes de moire blanche,
tr. dor. (*Rel. anc.*).

> 1 portrait de Gail par *Le Barbier* gravé par *Gaucher* et 3 figures de *Le Barbier* et *Moreau* gravées par *Gaucher* et *Dambrun* en épreuves en double état : EAUX-FORTES et avant la lettre.
> Exemplaire imprimé sur GRAND PAPIER VÉLIN ne renfermant que 3 figures.

67. VADÉ (J.-J.). Œuvres poissardes de J.-J. Vadé et de L'Ecluse.
A Paris, de l'Imprimerie de Didot jeune, an IV, 1796, in-18, fig.,
veau fauve, pet. dent. sur les plats, dos orné, dent. int., tr. dor.
(*Rel. anc.*).

> Exemplaire imprimé sur PAPIER VÉLIN contenant le portrait et les 4 figures de *Monsiau*, non signées, en épreuves AVANT LA LETTRE.

68. VAENIUS (Othon). Le Spectacle de la vie humaine ; ou leçons
de sagesse, exprimées avec art en 103 tableaux en taille-douce,
dont les sujets sont tirés d'Horace par l'ingénieux Othon Vaenius : accompagnés non seulement des principales maximes de
la morale en vers françois, hollandais, latins et allemands, mais
encore par des explications sur chaque tableau par Jean Le Clerc.
A La Haye, chez Jean Van Duren, 1755. Pet. in-4, veau marb.,
tr. roug. (*Rel. anc.*).

> Aux armes de Marie-Auguste de SULTZBACH, épouse de Charles-Philippe-Théodore de SULTZBACH, comte palatin du Rhin, duc de Bavière, etc.
> Sur le dos de la reliure, les lettres B. P.

69. VECHTSTROM (De), van Utrecht tot Muiden, verheerlykt

door honderd gezichten van steden, dorpen, vestingen, adelyke gestigten, lustplaatzen en waranden ; opgehelderd met oudheiden geschiedkundige aanteekeningen en verrykt met een uitvoerig beschryvend dichtstuk. *Te Amsteldam, by H. Gartman, W. Vermandel en J.-W. Smit.* 1790. In-8, figures, dos et coins basane fauve, ébarbé (*Rel. anc.*).

> Réimpression d'un recueil publié d'abord en 1719, contenant 1 carte et 102 planches chiff. 1-94, 94a-94b, 95-98 représentant de belles vues de villes, villages, maisons de plaisance, etc., situés sur les bords de la rivière Vecht ; précédées d'un texte descriptif et d'un poème par Claas Bruin.

70. **VOLTAIRE.** Romans et contes. *A Bouillon, aux dépens de la Société typographique,* 1778, 3 vol. in-8, mar. rouge, fil., dos orné, dent. int., tr. dor. (*Allô*).

> 1 fleuron sur chaque titre, 1 portrait de Voltaire gravé par *Cathelin,* d'après *La Tour,* vignettes par *Monnet,* gravées par *Deny,* et 57 figures par *Marillier, Martini, Monnet* et *Moreau,* gravées par *Baquoy, Chatelain, Dambrun, Patas,* etc.
> Exemplaire renfermant 32 épreuves AVANT les numéros.
> Les titres sont ornés d'un petit fleuron typographique et il n'y a pas d'avis au Relieur pour le classement des figures.
> Petit cachet sur chaque titre.

71. **VOLTAIRE.** La Pucelle d'Orléans, poëme en vingt-un chants, par Voltaire. Édition ornée de figures gravées par les meilleurs artistes de Paris. *A Paris, de l'imprimerie de Didot le jeune,* l'an III [1795], 2 vol. gr. in-4, mar. vert à longs grains, dent. sur les plats, dos orné, dent. int., gardes de moire rose, tr. dor. (*Rel. anc.*).

> Bel exemplaire imprimé sur PAPIER VÉLIN contenant le portrait de Jeanne d'Arc dessiné et gravé par *Gaucher* et les 21 figures de *Le Barbier, Marillier, Monnet* et *Monsiau,* gravées par *Baquoy, Choffard, Delignon, Delvaux* en épreuves AVANT la lettre.

72. **VOYAGES EN FRANCE,** ornés de gravures, avec des notes de La Mesangère. Voyage de Chapelle et de Bachaumont. Voyage en Provence. Voyage de Fléchier en Auvergne, etc. *A Paris. Imprimerie de Chaigneau aîné,* an IV (1796). 4 vol. in-16, veau marb., pet. dent., dos de mar. rouge orné, dent. int., tr. dor. (*Rel. anc.*).

> Ouvrage orné de 8 portraits et de 24 figures en épreuves AVANT la lettre.
> On y a ajouté une fig. au tome III et 1 portrait de Piron au tome IV.

73. **WATELET.** L'Art de peindre, poëme avec des réflexions sur les grandes parties de la peinture par M. Watelet. *A Paris, de*

l'Imp. de H.-L. Guérin et L.-F. Delatour, 1760, in-4, mar. vert, fil., dos orné, tr. dor. (*Rel. anc.*).

> Frontispice, fleuron, 5 vignettes, 8 portraits médaillons et 6 culs-de-lampe, plus 2 figures au trait : l'Antinoüs et la Vénus de Médicis, par *Pierre,* gravées par *Watelet.*
>
> On y a ajouté les trois figures de *Cochin,* de *La Peinture* poème de Le Mierre. Paris, Le Jay, *s. d.* (1769), in-4.

74. **WATTEAU.** Suite de figures inventées par Watteau, gravées par son ami C* [Caylus]. *A Paris, chés la Vve de F. Chéreau, s. d.,* in-8, en feuilles.

> Réunion d'un titre et de 23 planches, gravées par Caylus, chiffrées 1 à 6, 8 à 10, 12, 14 à 17, 53, 60. 62, 64, 66, 67 à 70, représentant des costumes de femmes et d'hommes.

75. **ZACHARIE.** Les quatre Parties du jour. Poème traduit de l'allemand de M. Zacharie (par Muller). *Paris, chez J.-B.-G. Musier,* 1769. in-8, dos et coins mar. rouge à longs grains, fil., tr. dor.

> 1 frontispice et 4 figures par *Eisen,* gravés par *Baquoy.*
>
> Dans le même volume : La Galerie de tableaux ou contes nouveaux par un descendant de Jean Bocace (par Gacon) pour servir à l'éducation du beau sexe. *A Tempé,* 1780, in-8, titre gravé et 3 figures par *Martinet* (Cohen indique 9 fig.).

III. — LIVRES MODERNES

LIVRES ILLUSTRÉS. — ÉDITIONS ORIGINALES D'AUTEURS CONTEMPORAINS

76. ADELINE (Jules). La Légende du violon de faïence. Huit com·
positions gravées à l'eau-forte par l'auteur. *Paris, L. Conquet,*
1895, pet. in-8, broché.

> Un des 150 exemplaires (n° 45) imprimés sur PAPIER DU JAPON ; con-
> tenant les eaux-fortes en deux états : AVANT et avec la lettre. Offert par
> l'éditeur à M. Manchon.

77. ALAMINOS (J.). España, Corridas de Toros. Dibujado del
natural por J. Alaminos en vista de las fotografias de J. Laurent.
Madrid, J. Laurent, s. d., pet. in-4, oblong broché (*Couvert.
illust.*).

> Suite de 32 lithographies coloriées, avec légendes en français et en
> espagnol.

78. ALMANACH pour 1900. Compositions d'Henri Caruchet.
S. l. [Paris, L. Conquet], in-12, broché (*Couvert. illust.*).

> Un des 30 exemplaires (n° 17) imprimés sur PAPIER DU JAPON ; conte-
> nant les figures en deux états : en noir et aquarellées par l'artiste.

79. AMIS DES LIVRES (Les). Portraits gravés par MM. Abot,
Paul Avril, Gaston Manchon et Rodolphe Piguet. Préface de
M. Victor Mercier. *Paris, imprimé pour les Amis des livres,* 1899,
in-8, demi-rel. mar. bleu clair, fil., dos orné.

> 88 portraits gravés à l'eau-forte.

80. ANDERSEN (H.-C.). Histoires et aventures. Traduction nouvelle, précédée d'une préface de Eugène Rodrigues. Eaux-fortes
originales et bois dessinés par Alexandre Lunois. *Paris,* 1909,
in-8, en feuilles dans un carton.

> Un des 20 exemplaires (n° 4) imprimés sur PAPIER DU JAPON ANCIEN
> contenant les eaux-fortes hors texte en trois états dont l'EAU FORTE PURE

et le TIRAGE A PART, en noir sur papier de Chine, des bois gravés par *Mlle Suzanne Lepère*. Ces bois sont tirés en couleurs dans le texte.

Celui-ci est orné de 4 DESSINS ORIGINAUX D'ALEXANDRE LUNOIS reproduits dans le texte, deux sont au crayon Conté et les deux autres, aux crayons de couleurs.

On y a joint le prospectus de l'ouvrage.

81. ANTAR, poème héroïque arabe d'après la traduction de Marcel Devic. Illustrations en couleurs de E. Dinet. *Paris, l'Edition d'art, H. Piazza et Cie*, 1898, in-4 broché (*Couvert. illust.*).

Tirage à 300 exemplaires. Celui-ci est un des 230 (n° 259) imprimés sur papier vélin des Vosges à la cuve.

82. ARNAULT (Antoine-Vincent). Les Souvenirs et regrets du vieil amateur dramatique ou lettres d'un oncle à son neveu sur l'ancien théâtre français. Ouvrage orné de gravures coloriées, représentant en pied, d'après les miniatures originales, faites d'après nature, de Foëch de Basle et de Whirsker, ces différens acteurs dans les rôles où ils ont excellé. *Paris, Alphonse Leclère*, 1861. in-12, dos et coins mar. rouge, non rog., tête dor.

83. ASSELINEAU (Charles). L'Enfer du bibliophile. Six pointes sèches par Léon Lebègue. *Paris, L. Conquet, L. Carteret*, 1905, in 8, broché.

Exemplaire imprimé sur papier Whatman offert par l'éditeur à M. Manchou ; contenant les pointes sèches en deux états : en noir et en couleurs.

84. AUMALE (Duc d'). Les Zouaves et les Chasseurs à pied. Illustrations de Charles Morel, gravées sur bois par Ch. Bellenger, Leveillé, Noel, Paillard. *Paris, pour la Société des Amis des livres. s. d. (1896). in-8, broché.

Tirage unique à 123 exemplaires (n° 65) imprimés sur papier vélin de cuve.

On y a joint le portrait du duc d'Aumale, en colonel du 17e léger, eau-forte de Lalauze.

85. BALADES DANS PARIS. Au Moulin de la Galette. A l'Hôtel Drouot. Sur les quais, Au Luxembourg. Notes inédites par MM. Paul Eudel. B.-H. Gausseron et Adolphe Retté. *Paris, imprimé pour les Bibliophiles contemporains*, 1894, pet. in-4, broché (*Couvert. illust.*).

Tirage unique à 180 exemplaires contenant les planches hors texte en deux états : en noir et en couleurs.

On a ajouté à cet exemplaire une planche, également en deux états, qui ne se trouve pas dans le volume.

86. BALZAC (H. de). Histoire de l'Empereur racontée dans une grange par un vieux soldat et recueillie par M. de Balzac. Vignet-

tes par Lorentz, gravures par MM. Brevière et Novion. *Paris,
J. Dubochet et Cie, 1842, in-16, cartonn., demi-toile grise, non
rogné (Couvert. et dos conserv.).*

87. BALZAC (H. de). Petites misères de la vie conjugale. Illustrées par Bertall. *Paris, chez Chlendowski, s. d.* (1845), in-8,
cartonn., toile verte, dos de chag., tr. dor. (*Rel. de l'éditeur*).

>PREMIER TIRAGE.
>Ouvrage orné d'environ 300 figures humoristiques dont 50 planches
>hors texte.

88. BALZAC (H. de). Les Contes drolatiques colligez ez abbayes
de Touraine et mis en lumière par le sieur de Balzac pour
l'esbattement des pantagruelistes et non aultres. Cinquiesme édition illustrée de 425 dessins par Gustave Doré. *Paris,* 1855,
in-8, dos et coins veau fauve, fil., dos orné, tête dor., couvert. et
dos conservés, ébarbé (*Champs*).

>PREMIER TIRAGE des figures de *Gustave Doré.*

89. BALZAC (H. de). La Maison du chat-qui-pelote. Préface de
Francisque Sarcey. Quarante compositions de Louis Dunki, gravées sur bois par Maurice Baud. *Paris, L. Conquet,* 1899. in-8.
broché (*Couvert. illust.*).

>Tirage unique à 200 exemplaires (n° 37) imprimés sur papier vélin
>du Marais à la forme.

90. BALZAC (H. de). La Femme de trente ans. Couverture illustrée et 35 compositions par A. Robaudi, gravées au burin et à
l'eau-forte par Henri Manesse. *Paris, Librairie L. Conquet.
L. Carteret et Cie, successeurs,* 1902, gr. in-8, broché.

>Exemplaire (n° 35) de grand choix sur VÉLIN DU MARAIS, contenant
>le TIRAGE A PART de toutes les illustrations.

91. BALZAC (H. de). L'Ecole des ménages. Tragédie bourgeoise
en cinq actes et en prose; précédée d'une lettre par le Vte de
Spoelberch de Lovenjoul. Edition originale, illustrée d'un portrait d'après Bertall, décoration de A. Robaudi, gravée par Manesse. *Paris, L. Carteret,* 1907, gr. in-8 broché.

>Un des 75 exemplaires de grand luxe (n° 49) imprimés sur PAPIER
>DU JAPON; contenant un TIRAGE A PART de toutes les illustrations.

92. BALZAC (H. de). Une ténébreuse Affaire. Couverture illustrée
et 28 compositions par François Schommer, gravées au burin et
à l'eau-forte par Léon Boisson. *Paris, L. Carteret,* 1909, in-8
broché (*Couvert. illust.*).

>Exemplaire de grand choix (n° 59) imprimé sur papier VÉLIN DU MA-
>RAIS, contenant les illustrations en deux états : avant et avec la lettre.

93. BANVILLE (Théodore de). Gringoire. Comédie en un acte, en prose. Un portrait et quatorze compositions de J. Wagrez, gravés à l'eau-forte par L. Boisson. *Paris, L. Conquet, L. Carteret et Cie, 1899*, in-8, broché.

Exemplaire de grand choix (n° 33) imprimé sur PAPIER VÉLIN DU MARAIS, contenant le TIRAGE A PART de toutes les illustrations à l'état d'EAU-FORTE.

94. BAPST (Germain). Souvenirs d'un canonnier de l'armée d'Espagne. 1804-1814. Lithographies de Lunois. *Paris, J. Rouam et Cie, 1892*, pet. in-4. pap. de Holl., broché.

Les lithographies sont tirées sur papier de Chine.

95. BARBEY D'AUREVILLY. Les Diaboliques. *Paris, E. Dentu, 1874*, in-12, broché.

EDITION ORIGINALE, très rare.
Signature à l'encre sur la couverture.

96. BARBEY D'AUREVILLY. Le Chevalier des Touches. Dessins de Julien Le Blant, gravés par Champollion. *Paris, Librairie des bibliophiles, 1886*, gr. in-8, broché.

Un des 20 exemplaires (n° 25) imprimés sur PAPIER DE CHINE, contenant les eaux-fortes en deux états : AVANT et avec la lettre.

97. BARBEY D'AUREVILLY. Le Rideau cramoisi. Eaux-fortes en couleurs de A. Rassenfosse. *Bruxelles, Edmond Deman, 1907*, gr. in-8, broché (*Couvert. illust.*).

Tirage unique à 125 exemplaires (n° 36).

98. BARBEY D'AUREVILLY. Les Diaboliques. Compositions et gravure originale de Lobel-Riche. *Librairie de la Collection des dix, A. Romagnol, Paris. 1910*, in-4, broché.

Un des 120 exemplaires (n° 94) sur PAPIER DU JAPON, contenant une triple suite de toutes les illustrations : 1° avec remarques, en couleurs ; 2° avec remarques, en noir ; 3° avant lettre pour les hors texte et avec lettre pour les en-têtes et culs-de-lampe.
On a joint 11 eaux-fortes (de diverses épreuves), 5 planches inutilisées non mises dans le commerce et le prospectus illustré de l'ouvrage.

99. BARRÈS (Maurice). Un Amateur d'âmes. Illustrations de L. Dunki, gravées sur bois par MM. Andrin, G. Bellanger, J. Beltrand, Dauvergne, etc., etc. *Paris, E. Fasquelle, 1899*, in-8, broché (*Couvert. illust.*)

Un des 50 exemplaires (n° 13) imprimés sur PAPIER DE CHINE.

100. BARRIE (J.-M.). Piter Pan dans les Jardins de Kensington (Conte tiré du « Petit Oiseau blanc »). Illustré par Arthur

Rackham. *Paris, Hachette et Cie*, 1907, in-4, cartonn. vélin, fers spéciaux, tête dor. (*Cartonn. des éditeurs*).

Exemplaire (n° 75) sur papier à la forme.

101. BAUDELAIRE (Charles). Les Épaves, par Charles Baudelaire. Avec une eau-forte frontispice de Félicien Rops. *Amsterdam, à l'enseigne du Coq (Poulet-Malassis)*, 1866, in-12, dos et coins chagr. vert, tête dorée.

ÉDITION ORIGINALE. Un des 250 exemplaires (n° 137) imprimés sur papier de Hollande.

102. BAUDELAIRE (Charles). Les Fleurs du mal. Illustrations de A. Rassenfosse. *Paris, pour les Cent bibliophiles*, 1899, petit in-4, en feuilles, en trois cartons.

Tiré à 115 exemplaires, sur papier vélin. Exemplaire n° 72.
Les eaux-fortes (hors texte et dans le texte) sont tirées en couleurs.
Vignettes lithographiées en couleurs dans le texte.
On joint différentes autres compositions pour les *Fleurs du Mal*, savoir :
1. Une suite de 17 eaux-fortes, dessinées par *Ch. Jouas, Al. Lemaistre, E. van Muyden, A. Lacault.*
2. 5 lithographies, dont 2 par *Jean Veber* et 3 par *T.-P. Wagner.*

103. BAUDELAIRE (Charles). Petits poèmes en prose. Illustrations de Henri Héran. *L'Édition d'art, H. Piazza et Cie. Paris*, 1907, gr. in-8, broché, dans un étui.

Édition imprimée à 75 exemplaires. Celui-ci est un des 45 exemplaires (n° 32) tirés sur papier vélin de cuve à la forme des manufactures Blanchet frères et Kleber.
Les cent onze compositions d'Henri Héran (hors texte, en-têtes et culs de lampe) sont tirées en couleurs.
On y a joint le prospectus illustré de l'ouvrage, qui a été tiré à très petit nombre.

104. BEARDSLEY (Aubrey). Sous la colline et d'autres essais en prose et en vers par Aubrey Beardsley. Précédé d'une Préface par Jacques E. Blanche. Traduction française de A.-H. Cornette. *Paris, H. Floury*, 1908, pet. in-4 cartonné.

Figures dans le texte et hors texte.

105. BEAUMONT (E. de). Un Drame dans une carafe. Dessins par Louis Leloir. *Paris, Librairie des bibliophiles*, 1882, in-8, cartonn., vélin blanc, non rogné.

Un des 25 exemplaires (n° 21) imprimés sur PAPIER WHATMAN.

106. BEAUTÉS DE L'OPÉRA (Les) ou chefs d'œuvre lyriques illustrés par les premiers artistes de Paris et de Londres sous

la direction de Giraldon. Avec un texte explicatif rédigé par Théophile Gautier, Jules Janin et Philarète Chasles. *Paris, Soulié*, 1845, gr. in-8, broché (*Couvert. illust.*).

> 10 portraits d'actrices célèbres gravés sur bois.
> L'impression de la couverture est passée ; il est très rare de trouver cette couverture en bon état.

107. BÉDIER (Joseph). Le Roman de Tristan et Iseut renouvelé par Joseph Bédier. Illustrations de Maurice Lalau. *Paris, l'Édition d'art, H. Piazza et C*, s. d. (1908). In-4, broché (*Couv. illustr.*).

> Édition tirée à 300 exemplaires numérotés et signés par l'artiste.
> Celui-ci est un des exemplaires imprimés sur PAPIER DU JAPON (n° 35).

108. BÉJOT (Eug.). Du Ier au XXe. Les Arrondissements de Paris. Vingt eaux-fortes originales de Eug. Béjot. Préface de Jules Claretie. *Paris, Société de propagation des livres d'art*, 1903, in-4, en feuilles dans un carton.

> Tiré à 200 exemplaires ; celui-ci est un des 175 imprimés sur Hollande ; les eaux-fortes sont montées sur bristol brun.

109. BELLE AU BOIS DORMANT (La) et quelques autres contes de jadis. Préface de Edmond Pilon. Illustrations de Edmond Dulac. *Paris, H. Piazza et C*, 1910, pet. in-4, broché.

> Tirage à 400 exemplaires (n° 115) sur PAPIER DU JAPON.
> Illustrations en couleurs.

110. BELVILLE (Eugène). Le Bouquet de mauvaise herbe. *Paris, H. Floury*, 1906, pet. in-4, broché.

> Tirage à 230 exemplaires ; celui-ci est un des 225 imprimés sur papier vergé d'Arches.
> Texte dans des encadrements en couleurs ; figures d'*Henri Morin*, gravées sur bois dans le texte.

111. BÉQUET (Étienne). Marie, ou le mouchoir bleu. Notice littéraire par Adolphe Racot. Six compositions par de Sta, gravées par Abot. *Paris, L. Conquet*, 1884, pet. in-8, broché.

> Exemplaire (n° 63) imprimé sur papier vélin, contenant les illustrations en deux états.

112. BÉRALDI (Henri). Estampes et livres. 1872-1892. *Paris L. Conquet*, 1892, in-8, broché.

> Tirage unique à 390 exemplaires (n° 80) imprimés sur papier vélin.
> Nombreuses et belles planches de reliures, en noir et en couleurs.

113. BÉRALDI (Henri). Propos d'un bibliophile. Voyage d'un livre

à travers la Bibliothèque nationale [Extrait du journal « La Nature »]. *Paris, G. Masson*, 1893, gr. in-8, broché.

Tiré à 95 exemplaires imprimés sur PAPIER WHATMAN.

114. BÉRALDI (Henri). Cent ans aux Pyrénées. *Paris*, 1898-1904, 7 vol. gr. in-8, brochés (*Couvert.*).

Tirage à petit nombre.

115. BÉRANGER (J.-P. de). Chansons. *A Paris, chez les marchands de nouveautés, 1821, 2 vol.* — Chansons nouvelles. *Ibid., id., 1825 (Couvert.).* — Chansons inédites. *Paris, Baudouin frères, 1828.* — Chansons nouvelles et dernières de P.-J. de Béranger dédiées à M. Lucien Bonaparte. *Paris, Perrotin, 1833 (Couvert.).* — Ens. 5 vol. pet. in-12, dos et coins mar. bleu à longs grains, fil., dos orné (*Champs*).

Cet exemplaire, dont toutes les parties sont en ÉDITION ORIGINALE, est orné des suites suivantes :
I. La suite complète des 103 figures, y compris le portrait, d'après *Charlet, H. Monnier, Jean Gigoux, Decamps, Bellangé*, etc., gravées par *Cousin, Frilley, A. et T. Johannot*, etc. Édition de 1828-1833.
II. La suite complète des 40 lithographies coloriées d'*Henri Monnier.* Édition de Paris, Baudouin, 1828, 2 vol.
III. La suite complète des 8 figures libres de *Tony Johannot.*

116. BERGERAT (Émile). L'Espagnole. Illustrations de Daniel Vierge, gravées sur bois par Clément Bellenger. *Paris, L. Conquet*, 1891, in-12, broché (*Couvert. illust.*).

Exemplaire (n° 73) imprimé sur PAPIER DE CHINE, contenant un TIRAGE A PART de toutes les illustrations.

117. BERGERET (Gaston). Les Événements de Pontax. Écriture manuscrite et aquarelles originales d'après Henriot. *Paris, Carteret et Cie*, 1899, gr. in-8. broché (*Couvert. illust.*).

Tirage à 200 exemplaires.
Celui-ci (n° 33) est un des 175 imprimés sur papier vélin du Marais.

118. BERGERET (Gaston). Journal d'un nègre à l'exposition de 1900. Soixante-dix-neuf aquarelles originales de Henry Somm. *Paris, L. Conquet*, 1901, pet. in-8, broché.

Exemplaire imprimé sur papier vélin, non mis dans le commerce, offert par l'éditeur à M. Manchon.

119. BERTALL. Cahier des charges des chemins de fer. Pamphlet illustré par Bertall. *Paris, J. Hetzel*, 1847, pet. in-8, cartonn. demi-toile verte, non rogné (*Couvert.*).

PREMIER TIRAGE.

120. BERTHEROY (Jean). Femmes antiques. La Légende. — L'Histoire. — La Bible. Ouvrage couronné par l'Académie française. Illustrations de Bouguereau, E. Adam, Falguière, G. Rochegrosse. Hector Le Roux, Maurice Leloir, G. Clairin. J.-P. Laurens, Ed. Toudouze, Fernand Lematte, gravées par E. Champollion. *Paris, Librairie L. Conquet,* 1892. In-8, broché.

> Tirage à 250 exemplaires.
> Celui-ci est un des 50 (n° 18), sur PAPIER DU JAPON, contenant les 10 eaux-fortes en deux états : AVANT et avec la lettre.

121. BERTHEROY (Jean). Cypsélos l'invincible. Conte grec par Jean Bertheroy. décoré de trente-deux compositions en couleurs par Augustin Poupart. *Paris, chez Henri Floury,* 1904, in-4, broché (*Couvert. illust.*).

> Un des 25 exemplaires (n° 14) imprimés sur PAPIER DU JAPON.

122. BERTRAND (Louis). Gaspard de la Nuit, fantaisie à la manière de Rembrandt et de Callot. Nouvelle édition, augmentée de pièces en prose et en vers..... et précédée d'une introduction par M. Charles Asselineau. *Paris, René Pincebourde,* 1868, in-12, broché.

> Un des 50 exemplaires (n° 39) imprimés sur PAPIER DE HOLLANDE ; frontispice de *Félicien Rops* tiré sur Chine.

123. BLANC dit LA GOUTTE. Poésies en patois du Dauphiné. Dessins de M. D. Rahoult, gravures de M. E. Dardelet. Préface et glossaire par Michal-Ladichère. *Grenoble, Rahoult et Dardelet,* 1874. In-4, dos et coins mar. rouge, tête dor., non rogné.

> Jolies gravures sur bois.

124. BLANC dit LA GOUTTE. Poésies en patois du Dauphiné. Grenoblo Malhérou par Blanc dit la Goutte. Dessins de D. Rahoult. gravures de E. Dardelet. Préface par George Sand. *Grenoble. Rahoult et Dardelet,* 1864, in-4, dos et coins mar. rouge, tête dor.

> Nombreuses et jolies figures gravées sur bois dans le texte.

125. BOSSUET (J.-B.) Oraison funèbre du Grand Condé par J.-B. Bossuet, évêque de Meaux. *Paris, Damascène Morgand et Charles Fatout,* 1879, in-4, broché.

> Papier de Hollande.

126. BOUCHOR (M.-B.) Pervenche, conte par M.-B. Bouchor.

Images de L. Lebègue. *Paris, Henry Floury*, 1900, in-4, broché (*Couvert. illust.*).

Un des 50 exemplaires (n° 6) imprimés sur papier du Japon. Illustrations en couleurs.

127. BOUFFLERS (Stanislas de). Aline. reine de Golconde. Conte. par le chevalier Stanislas de Boufflers. *A Paris. Gravé et imprimé pour la Société des Amis des livres*, 1887. In-8, broché.

Tiré à 115 exemplaires (n° 76).
Ouvrage entièrement gravé.
Les compositions en couleurs du texte ont été dessinées par *Albert Lynch* ; les eaux-fortes au lavis ont été gravées par *E. Gaujean* et les lettres bâtardes du texte ont été burinées par A. Leclère.

128. BOUGY (Alfred de). Le Tour du Léman par Alfred de Bougy. *Paris, Comptoir des imprimeurs unis*, 1846, in-8, demi-rel. mar. brun, dos orné, tête dor., non rogné.

Nombreuses planches hors texte et dans le texte.

129. BOURGET (Paul). Pastels. Dix portraits de femmes. Nouvelle édition, revue et corrigée par l'auteur. Illustrations de Robaudi et Giraldon. *Paris, Librairie L. Conquet*, 1895. In-8, en feuilles, dans un carton.

Tirage unique à 200 exemplaires sur papier du Japon.
L'illustration se compose de onze figures en couleurs de *Robaudi*, et de 35 fleurons, en-têtes, et lettres de *Giraldon* également en couleurs.

130. BRILLAT SAVARIN. Physiologie du goût par Brillat Savarin ; illustrée par Bertall, précédée d'une notice biographique par Alph. Karr. Dessins à part du texte, gravés sur acier par Ch. Geoffroy : gravures sur bois intercalées dans le texte par Midderigh. (*Paris*) *Gabriel de Gonet. s. d.* (1848), in-8, demi-rel. chag. rouge, tête dor., non rogné.

Premier tirage.

131. CAMPAN (Madame de). Mémoires sur la vie privée de Marie-Antoinette. Préface de René Vallery-Radot. Soixante-trois compositions de Ad. Lalauze, gravées au burin et à l'eau-forte par Léon Boisson. *Paris, L. Carteret*, 1910, 2 vol. pet. in-8, brochés (*Couvert. illust.*).

Exemplaire de grand choix imprimé sur papier du Japon ; contenant les illustrations en deux états : avant la lettre avec remarques et avec la lettre.

132. CAMUSET (Docteur). Les Sonnets du Docteur. *Paris, chez la plupart des libraires*, 1884, in-8, broché.

Édition originale.
Un des 125 exemplaires imprimés sur papier simili-Japon.

133. CARLOCHRISTI. Contes pantagrueliques (Préface de M. Jules Claretie). *Paris, Louis Conard et H. Champion*, 1905, in-8 carré, broché (*Couvert. illust.*).

> Édition tirée à 150 exemplaires (n° 22) imprimés sur papier de Hollande, ornés, à chaque page, d'encadrements imités des livres d'heures; figures gravées sur bois.

134. CAS DE JALOUSIE (Un). Édition originale illustrée de de dix-neuf lithographies par A. Lunois. *Paris, L. Conquet*, 1896, in-8, broché.

> Tirage à 200 exemplaires imprimés sur PAPIER DU JAPON.
> Celui-ci est un des 140 ex. contenant un seul tirage des planches.

135. CAYLUS (Madame de). Souvenirs. Préface par Voltaire. Notice de M. de Lescure. Nouvelle édition illustrée par Lionel Péraux, gravures au burin et à l'eau-forte par Léon Boisson. *Paris, L. Carteret*, 1908, pet. in-8, broché (*Couvert. illust.*).

> Exemplaire (n° 42) imprimé sur PAPIER VÉLIN du Marais contenant les eaux-fortes hors texte en deux états dont un AVANT la lettre avec remarques et le TIRAGE A PART avec remarques de toutes les illustrations du texte.

136. CAZOTTE (J.) Le Diable amoureux, roman fantastique par J. Cazotte, précédé de sa vie, de son procès et de ses prophéties et révélations, par Gérard de Nerval. Illustré de 200 dessins par Édouard de Beaumont. *Paris, Léon Ganivet*, 1845, in-8, dos et coins mar. La Vall., fil., dos orné, tête dor., ébarbé (*Pagnant*).

> PREMIER TIRAGE.
> Édition ornée d'un portrait de Cazotte, de 6 figures hors texte et de bois dans le texte.

137. CERVANTÈS. L'ingénieux hidalgo don Quichotte de la Manche. Traduit et annoté par Louis Viardot. Vignettes de Tony Johannot. *Paris, J.-J. Dubochet*, 1836-1837, 2 vol. gr. in-8, demi-rel. mar. rouge, fil., dos orné, non rognés (*Rel. de l'époque*).

> PREMIER TIRAGE.
> Ouvrage orné de 2 figures hors texte tirées sur papier de Chine et de nombreuses figures dans le texte.

138. CERVANTÈS. Rinconète et Cortadillo. Nouvelle. Soixante-sept compositions par H. Atalaya. Traduction et notes de Louis Viardot. *Paris, H. Launette et Cie*, 1891, in-8, broché.

> Un des 50 exemplaires (n° 31) imprimés sur PAPIER DE CHINE, contenant un TIRAGE A PART de toutes les illustrations.
> On y a joint le prospectus de l'ouvrage.

139. CHAHINE (Edgar). Impressions d'Italie. 50 gravures d'Edgar

Chahine. *Paris, chez Ed. Sagot*, 1906, in-4, carton illustr.
de l'éditeur.

> Un des 50 exemplaires (n° 30) contenant les 50 gravures tirées sur
> papier de Hollande.

140. CHAMILLY (V^iesse de), Scènes contemporaines, laissées par
feue Madame la Vicomtesse de Chamilly ; seconde édition
augmentée du Dix-huit Brumaire, scènes nouvelles. *Paris,
Urbain Canel*, 1828, in-8, demi-rel., veau fauve, tr. marb.
(*Rel. de l'époque*).

> Edition ornée d'un frontispice et d'une figure d'*Henry Monnier*,
> lithographiés et coloriés.

141. CHAMPEVILLE (Paul de). Les Rebelles, pièce en trois actes.
Nouvelle édition illustrée de onze compositions par A. Robaudi,
gravées au burin et à l'eau-forte par H. Manesse. *Paris, imprimé
pour A. Bélinac*, 1903, in-8, broché.

> Un des 100 exemplaires (n° 38) imprimés sur PAPIER IMPÉRIAL DU
> JAPON, contenant des eaux-fortes hors texte en deux états : AVANT la
> lettre avec remarques et avec la lettre.

142. CHAMPFLEURY. Les Chats, histoire, mœurs, observations,
anecdotes. Illustré de 80 dessins, par Eugène Delacroix, Viollet-
le-Duc, Mérimée, Manet, etc. Quatrième édition considérable-
ment augmentée. *Paris, J. Rothschild*, 1870, pet.-in 8, broché.

> Un des 18 exemplaires imprimés sur PAPIER DE CHINE.

143. CHAMPFLEURY. Le Violon de faïence. Dessins en couleur
par M. Émile Renard, eaux-fortes par M. J. Adeline. *Paris, E.
Dentu*, 1877, in-8, broché.

> Exemplaire imprimé sur PAPIER VÉLIN FORT contenant les eaux-fortes
> en deux états dont un tiré sur Chine AVANT la lettre.

144. CHAMPFLEURY. Le Violon de faïence. Nouvelle édition
illustrée de 34 eaux-fortes de Jules Adeline. Avant-propos de
l'auteur. *Paris, L. Conquet*, 1885, pet. in-8, broché (*Couvert.
illust.*)

> Un des 150 exemplaires (n° 45) imprimés sur PAPIER DU JAPON ;
> contenant les eaux-fortes en deux états : AVANT et avec la lettre.

145. CHAMPSAUR (Félicien). Les Bohémiens, ballet lyrique.
Paris, E. Dentu, 1887. — Les Etoiles, ballet, en 4 actes. *Ibid.,
id.*, 1888. — Lulu, pantomime en 1 acte. Préface par Arsène
Houssaye. *Ibid., id.*, 1888. — Ens. 3 plaquettes in-12, brochées
(*Couvert. illust.*).

> La seconde plaquette « *Les Étoiles* » est un des 75 exemplaires (n° 24)
> imprimés sur PAPIER DU JAPON.

146. CHAMPSAUR (Félicien). Les Éreintés de la vie. Pantomime en un acte, illustrée par Henry Gerbault. *Paris, E. Dentu*, 1888, pet. in-8 carré, broché (*Couvert. illust.*).

> Un des 30 exemplaires (n° 6) imprimés sur PAPIER DU JAPON.

147. CHAMPSAUR (Félicien). Masques modernes. Frontispice par Félicien Rops. *Paris, E. Dentu*, 1889, in-12, broché (*Couvert. illust.*).

> EDITION ORIGINALE.
> Un des 30 exemplaires (n° 30) imprimés sur PAPIER DU JAPON ; contenant le frontispice en deux états : en bleu sur Japon et en noir sur papier vélin.

148. CHANSONNIER NORMAND. Préface de Joseph L'Hopital. Table historique de A. Join-Lambert. Décoration de Ad. Giraldon. *Paris, aux dépens de la Société normande du livre illustré*, 1905, gr. in-8, broché (*Couvert. illust.*).

> Tirage unique à 125 exemplaires (n° 68).

149. CHANSONS DE L'ANCIENNE FRANCE. Imagées par W. Graham Robertson. *Paris, pour les Bibliophiles indépendants, chez H. Floury*, 1905, in-4, broché (*Couvert. illust.*).

> Tirage unique à 150 exemplaires imprimés sur papier à la forme d'Arches (n° 38), ornés de bois en noir et en couleurs.

150. CHANTS ET CHANSONS populaires de la France. *Paris, H.-L. Delloye*, 1843. 3 vol., gr. in-8, cartonnés, ébarbés.

> PREMIER TIRAGE.
> Bel exemplaire avec les couvertures et les dos soigneusement collés sur le cartonnage, qui est bien convervé.

151. CHÉNIER (André). Les Bucoliques, publiées d'après le manuscrit original dans un ordre nouveau par José Maria de Heredia. *Paris, imprimé pour Charles Meunier*, 1905, gr. in-8, cartonn. veau racine rouge orange et portant, sur le premier plat, encastrée dans le cartonnage, la plaquette en bronze de Denys Puech, « La Muse de Chénier », non rogné, étui (*Couvert.*).

> Un des 150 exemplaires (n° 16, au nom de M. L. Manchon) imprimés sur papier vélin du Marais contenant les lithographies de *Fantin Latour* en deux états : en noir et bistre et le tirage à part, également en deux états, des vignettes du texte.

152. CHEVIGNÉ (Comte de). Les Contes rémois. Dessins de E. Meissonier. Troisième édition. *Paris, Michel Lévy frères*, 1858, in-8, 3 port. et vignettes, mar. orange, fil., dos orné, dent. int., tr. dor. (*Petit*).

> Premier tirage des figures de *Meissonier*.
> Exemplaire imprimé sur GRAND PAPIER VÉLIN.

153. CLARETIE (Jules). Le Drapeau. Édition illustrée de gravures hors texte par A. de Neuville, de gravures sur bois d'après les dessins de Edmond Morin et du portrait de l'auteur, gravé à l'eau-forte par A. Gilbert. *Paris, Georges Decaux,* 1879, in-4, broché.

> Un des 40 exemplaires (n° 28) imprimés sur PAPIER WHATMAN contenant un double tirage des 4 planches : SUR PAPIER DE CHINE et sur Whatman.

154. CLARETIE (Jules). La Canne de M. Michelet. Promenades et souvenirs. Préface par Alfred Mézières. Douze compositions de P. Jazet, gravées à l'eau-forte par H. Toussaint. *Paris, L. Conquet,* 1886, in-8, broché.

> Exemplaire (n° 115) imprimé sur PAPIER DU JAPON ; contenant les eaux-fortes en deux états : AVANT et avec la lettre.

155. CLARETIE (Jules). Bouddha, 1 frontispice et 10 vignettes dessinés par Robaudi, gravés par A. Nargeot. *Paris, L. Conquet,* 1888, in-18, broché.

> Exemplaire (n° 32) imprimé sur PAPIER DU JAPON ; contenant le TIRAGE A PART de toutes les illustrations.

156. CLARETIE (Jules). Explication, par Jules Claretie. Illustrée par A. Robida. *Paris, Librairie illustrée,* 1894, in-4, broché (*Couvert. illust.*).

> Un des 50 exemplaires (n° 42) imprimés sur PAPIER IMPÉRIAL DU JAPON et souscrits par la Librairie Conquet.

157. CLARETIE (Jules). La Corde. Illustrations de Ch. Jouas gravées par Boisson. *Paris, imprimé pour les Amis des livres,* 1901, pet. in-8, broché.

> Edition imprimée à 125 exemplaires (n° 65) sur papier vélin, contenant les eaux-fortes tirées sur Chine et collées dans le texte.

158. CLARETIE (Jules). La Cigarette. Illustrations de Henri Zo. *Paris, imprimé pour A. Girard,* 1906, in-8, broché (*Couvert. illust.*)

> Tirage unique à 135 exemplaires.
> Un des 114 (n° 33) imprimés sur papier vélin du Marais portant sur le faux-titre un envoi de l'éditeur, de ce livre, M. A. Girard, à M. L. Manchon.

159. CLASSIQUES DE LA TABLE (Les) à l'usage des praticiens et des gens du monde : avec les portraits, gravés au burin par nos premiers artistes, de M. le Prince de Talleyrand, Grimod de

La Reynière, Berchoux, etc., *Paris, Dentu*, 1844, in-8, dos et coins mar. grenat, fil., dos orné, tête dor., ébarbé (*Champs*).

Edition ornée de 15 planches et portraits hors texte.

160. CLEMENCEAU (Georges). Au pied du Sinaï. Illustrations de Henri de Toulouse Lautrec. *Paris, Henri Floury* (1898), pet. in-4, broché (*Couvert. illustr.*).

Edition tirée à 380 exemplaires.
Un des 355 exemplaires (n° 363), sur papier vélin d'Arches, avec deux suites des lithographies, sur papier de Chine en couleur, et sur papier vélin en noir.

161. CLÉMENT-JANIN. Coups d'œil sur Paris, illustrés de 84 compositions de Charles Heyman, dont 21 eaux-fortes originales et 63 dessins gravés sur bois par P.-E. Vibert. *Paris, Ch. Hessèle*, 1911, gr. in-8, broché dans un étui.

Un des 25 exemplaires (n° 5) imprimés sur PAPIER DU JAPON ANCIEN contenant deux états des planches et le TIRAGE A PART de tous les bois du texte, tirés sur papier de Chine.
On y a ajouté un DESSIN ORIGINAL de CHARLES HEYMAN, à l'encre de Chine, et le prospectus de l'ouvrage.

162. COIGNET (Capitaine). Les Cahiers du capitaine Coignet (1776-1850), publiés d'après le manuscrit original par Lorédan Larchey. Avec 84 gravures en couleurs et en noir d'après les dessins de Julien Le Blant. *Paris, Hachette et C⁰*, 1896, in-4, broché (*Couvert. illust.*).

Un des 40 exemplaires (n° 38) imprimés sur PAPIER DU JAPON ; contenant une suite des planches hors texte gravées en taille-douce IMPRIMÉES EN COULEURS à la poupée, avec remarques de l'artiste, et une seconde suite des planches, tirées en noir.

163. COLLECTION CALMANN-LÉVY-CONQUET. *Paris, Calmann-Lévy*, 1885-1888, 9 vol. pet. in-8, brochés.

Tirage à 225 exemplaires sur papier vélin du Marais, fait pour la Librairie L. Conquet.
Exemplaires contenant les eaux-fortes en deux états : AVANT et avec la lettre.
ABOUT (E.). Le Nez d'un notaire, 1886. — BALZAC (H. de). Le Colonel Chabert, 1886. — CLARETIE (J.). Le Drapeau, 1886. — DUMAS (A.). Herminie, 1888. — FEUILLET (O.). Julia de Trécœur, 1885. — MÉRIMÉE (P.). Carmen, 1884. — SAND (George). La Marquise, 1888. — SANDEAU (Jules). Un Début dans la magistrature, 1887. — VOGÜÉ (E.-M. de). Histoires d'hiver, 1885.
Le dernier volume renferme les illustrations en trois états, dont l'EAU-FORTE PURE.

164. COMMANVILLE (Caroline). Souvenirs sur Gustave Flau-

bert. Texte et illustrations par Caroline Commanville. *Paris,
A. Ferroud,* 1895, in-8, broché.

Papier vélin.

165. CONSTANT (Benjamin). Adolphe. Portrait gravé par Courboin d'après Desmarais. Préface par Paul Bourget. *Paris,
L. Conquet,* 1889, in-16. broché.

Un des 200 exemplaires sur papier vélin, non mis dans le commerce ; offert par l'éditeur à M. Manchon.

166. CONTES DU GAY SCAVOIR (Les). Ballades, fabliaux et
traditions du moyen âge, publiés par Ferd. Langlé et ornés de
vignettes et fleurons imités des manuscrits originaux par Boning-
ton et Monnier. *Imprimé par Firmin Didot pour Lami Denozan,*
1828, in-8, cartonné.

Texte imprimé en caractères gothiques ; figures coloriées et rehaussées
d'or.

167. CONTES DES MILLE ET UNE NUITS. adaptés par Hadji
Mazem, illustrés par Edmond Dulac. *L'Edition d'art, H. Piazza
et C*ie*, Paris, s. d.,* in-4, broché.

Edition de luxe tirée sur papier du Japon à 300 exemplaires numé-
rotés et signés par l'artiste.
Exemplaire n° 17.

168. CRUIKSHANK (Georges). My sketch book. *London, published for the artist by Charles Tilt, s. d.,* pet. in-4, oblong, broché (*Couvert. illust.*).

4 planches contenant des petites figures humoristiques. gravées et
coloriées. La deuxième planche représente l'île Sainte-Hélène et 7 petits
dessins relatifs à Napoléon Ier.
La couverture sert de titre.

169. DAUDET (Alphonse). La double Conversion. Conte en vers.
Paris, Poulet-Malassis et de Broise, 1861, in-32. cartonn. demi-
toile rose (*Couvert.*).

Edition originale ornée d'un frontispice dessiné par *Racinet,* gravé à
l'eau-forte par *Bracquemond.*

170. DAUDET (Alphonse). Fromont jeune et Risler aîné. mœurs
parisiennes. Notice littéraire par Gustave Geffroy. Douze compositions de Em. Bayard, gravées à l'eau-forte par J. Massard.
Paris, L. Conquet, 1885, 2 vol. pet. in-8, brochés.

Exemplaire (n° 57) imprimé sur papier impérial du Japon contenant
les eaux-fortes en deux états : avant et avec la lettre.

171. DAUDET (Alphonse). La Défense de Tarascon. Seize aquarelles d'après Draner. *Paris, L. Conquet,* 1886, in-16, broché.

> Edition non mise dans le commerce.
> Exemplaire imprimé sur PAPIER DU JAPON et contenant les figures coloriées ; offert par l'éditeur à M. Manchon.

172. DAUDET (Alphonse). Le Roman du Chaperon-rouge. Neuf lithographies originales de Louis Morin. *Paris, L. Conquet,* 1903, in-8, broché.

> Un des 200 exemplaires imprimés sur papier vélin du Marais, non mis dans le commerce ; offert par l'éditeur à M. Manchon.

173. DAUDET (Alphonse). Lettres de mon moulin. Illustrations de José Roy et G. Fraipont. *Paris, E. Flammarion,* 1904, in-4, broché (*Couvert. illust.*).

> Edition de grand luxe tirée à 75 exemplaires (n° 40), imprimés sur PAPIER DE CHINE pour la librairie Conquet (L. Carteret, succ.) ; contenant les figures en couleurs, hors texte, en deux états : avant la lettre avec remarques, sur papier du Japon et sur papier vélin.

174. DAVIN (Félix). Le Crapaud, roman espagnol. 1823. (Par Félix Davin). *Paris, L. Mame Delaunay, s. d.* (1832), 2 vol. in-8, cartonnage papier, non rogné (*Cartonn. de l'époque*).

> ÉDITION ORIGINALE.

175. DAYOT (Armand). Le Vertige de la beauté. Soixante-douze compositions de Charles Jouas, gravées sur bois par Eugène Dété. Douze hors texte en camaïeu. *Paris, librairie Eugène Dété,* 1906. In-8, broché (*Couvert. illustr.*).

> Un des 100 exemplaires (n° 74) sur papier vélin à la cuve.
> Le tirage entier de l'ouvrage a été fait à 151 exemplaires.

176. DE COSTER (Charles). Légendes flamandes ; illustrées de douze eaux-fortes par Adolf Dillens, Charles de Groux, Félicien Rops. Jules van Imschoot, etc., et précédées d'une préface par Emile Deschanel. *Paris, Michel Lévy frères,* 1858, in-12, dos et coins mar. brun. tête dor., non rogné.

> ÉDITION ORIGINALE.

177. DE COSTER (Charles). La Légende d'Ulenspiegel : Ouvrage illustré de 14 eaux-fortes inédites de MM. Artan. Claeys, Degroux, Dillens. Duwée, Rops, Schaefels. Schampheleer. Smits et van Camp. *Paris, A. Lacroix. Verboeckhoven,* 1868, in-4, broché.

> Ouvrage contenant les 14 eaux-fortes hors texte tirées sur papier de Chine monté.

178. DELORME (Hugues). Quais et trottoirs. 13 lithographies
en couleurs de Heidbrinck. *Paris, imprimé pour les Cent bibliophiles*, 1898. In-8, broché (*Couvert illustr.*).

> Tiré à 115 exemplaires (n° 71).
> On a ajouté à cet exemplaire une deuxième suite des 13 lithographies
> hors texte, dont 11 premiers essais du tirage en couleurs et 2 tirées en
> noir.

179. DELVAU (Alfred). Françoise. Chapitre inédit de l'Histoire
des quatre sergents de La Rochelle. Avec une eau-forte d'Emile
Thérond. *Paris, Achille Faure*, 1865, in-16, demi-rel. chag.
roug, tête marb., non rogné.

> ÉDITION ORIGINALE.
> Un des 12 exemplaires (n° 3) imprimés sur PAPIER DE HOLLANDE ;
> contenant l'eau-forte en deux états : sur Hollande et sur Chine.

180. DEMI-CABOTS (Les). Le café-concert. Le cirque. Les fo-
rains. Textes de G. d'Esparbès, André Ibels, Maurice Lefevre,
Georges Montorgueil. Dessins de H.-G. Ibels. *Paris, Charpentier*, 1896, in-12, broché (*Couvert. illust.*).

> Un des 100 exemplaires (n° 78) imprimés sur PAPIER DE CHINE.

181. DEMIDOFF (A. de). Voyage dans la Russie méridionale et
la Crimée par la Hongrie, la Valachie et la Moldavie. Edition
illustrée de soixante-quatre dessins par Raffet. *Paris, Ernest
Bourdin*, 1840, gr. in-8, demi-rel. veau violet, dos orné, tr.
mar. (*Rel. de l'époque*).

> PREMIER TIRAGE.
> Ouvrage orné de 24 planches hors texte, tirées sur papier de Chine.

182. DESNOYERS (Louis). Les Aventures de Jean-Paul Choppart. Edition complète, augmentée de nouveaux chapitres et
entièrement corrigée, ornée de cinq gravures de Fauchery et du
portrait de Jean-Paul Choppart. *Paris, Allardin*. 1834, 2 vol.
in-12, brochés.

> ÉDITION ORIGINALE, rare ; la couverture n'est pas imprimée.

183. DIABLE A PARIS (Le). Paris et les parisiens. Mœurs et
coutumes, caractères et portraits des habitants de Paris, tableau
complet de leur vie privée, publique, politique, etc. ; texte par
MM. de Balzac, Eug. Sue. George Sand. P.-J. Stahl, etc., etc...
Illustrations... par Gavarni. *Paris, J. Hetzel*, 1845-1846, 2 vol.
gr. in-8, dos et coins mar. grenat, fil., dos orné, non rogné.
couvert. et dos conserv. (*Canape Belz*).

> PREMIER TIRAGE.

184. DICKENS (Charles). Monsieur Minns. Horace Sparkins, par Charles Dickens, adaptation de F. de Montfrileux. *Paris, le Livre et l'estampe, s. d.* (1903), in-8 carré, broché (*Couvert. illust.*).

Un des 60 exemplaires (n° 48) imprimés sur papier vélin d'Arches ; contenant UN DESSIN ORIGINAL ayant servi à l'illustration du livre.

185. DIDEROT. Jacques le fataliste et son maître. Douze dessins de Maurice Leloir, gravés à l'eau-forte par Courtry, De los Rios, Mongin, Teyssonnières. *Paris, imprimé pour les Amis des livres par G. Chamerot,* 1884. Gr. in-8, broché.

Édition tirée à 138 exemplaires (n° 5) sur papier du Japon, contenant une double suite des figures hors texte : EAU-FORTE PURE et état terminé avant la lettre, et les vignettes du texte en trois états, dont L'EAU-FORTE PURE et l'état terminé hors texte.

186. DINET (E.). Mirages, scènes de la vie arabe. Compositions de E. Dinet, commentées par Sliman Ben Ibrahim Bamer. *L'Edition d'art, H. Piazza & Cie, Paris* (1906). In-8 carré, broché (*Couvert. illust.*).

Exemplaire (n° 135) sur papier vélin à la cuve.
Illustrations en couleurs.

187. DORÉ (Gustave). Versailles et Paris en 1871 d'après les dessins originaux de Gustave Doré. Préface de M. Gabriel Hanotaux. *Paris, L. Carteret,* 1907, gr. in-8, broché.

Un des 75 exemplaires (n° 21) imprimés sur PAPIER DE CHINE.

188. DORNIS (Jean). Les Frères d'élection. Illustrations de Myrbach, gravées sur bois, par F. Steinmann. *Paris, Paul Ollendorff,* 1896, in-12, broché (*Couvert. illust.*).

Un des 60 exemplaires (n° 33) imprimés sur PAPIER DE CHINE.

189. DROZ (Gustave). Monsieur, Madame et Bébé. Édition illustrée par Edmond Morin et ornée d'un portrait de l'auteur en frontispice, gravé par Léopold Flameng. *Paris, Victor Havard,* 1878, gr. in-8, dos et coins mar. orange, fil., dos orné, tête dor., couvert. et dos conserv. (*Champs*).

Un des 50 exemplaires (n° 46) imprimés sur PAPIER WHATMAN.

190. DU CAMP (Maxime). Une Histoire d'amour. Un portrait gravé par A. Lamotte, huit compositions de P. Blanchard, gravées par Buland. *Paris, L. Conquet,* 1888, in-16, broché.

Exemplaire imprimé sur papier vergé du Marais contenant les figures en deux états : AVANT et avec la signature du graveur.

191. DUMAS (Alexandre). Les trois Mousquetaires, avec une lettre d'Alexandre Dumas fils. Compositions de Maurice Leloir, gravures sur bois de J. Huyot. *Paris, Calmann Lévy,* 1894, 2 vol. gr. in-8, brochés (*Couvert. illust.*).

> Un des 100 exemplaires (n° 58) imprimés sur PAPIER DE CHINE, contenant le TIRAGE A PART de toutes les illustrations.
> On y a ajouté le Catalogue des deux cent cinquante dessins originaux de Maurice Leloir pour les Trois mousquetaires. *Paris, s. d.,* in-8, broché. [Exemplaire sur CHINE].

192. DUMAS (Alexandre). La Dame de Monsoreau. Compositions de Maurice Leloir, gravures sur bois de J. Huyot. *Paris, Calmann Lévy,* 1903, 2 vol. gr. in-8, brochés (*Couvert. illust.*).

> Un des 100 exemplaires (n° 32) imprimés sur PAPIER DE CHINE, contenant le TIRAGE A PART de toutes les illustrations.
> On y a ajouté le Catalogue de deux cent quarante-cinq dessins originaux de Maurice Leloir pour la Dame de Monsoreau. *Paris,* 1903, in-8, broché. [Exemplaire sur papier de CHINE.]

193. ÉVANGILE DE L'ENFANCE (L') de notre Seigneur Jésus Christ selon Saint Pierre, mis en français par Catulle Mendès d'après le manuscrit de l'abbaye de Saint-Wolfgang. Compositions et encadrements de Carloz Schwabe. *Paris, Armand Colin et C*[ie], *s. d.,* in-4, broché (*Couvert. illust.*).

> Un des 100 exemplaires imprimés sur papier vélin contenant le TIRAGE A PART de toutes les illustrations y compris les encadrements.

194. FABRE (Ferdinand). L'Abbé Tigrane candidat à la papauté. Un portrait d'après J.-P. Laurens et vingt eaux-fortes originales de E. Rudaux. *Paris, L. Conquet,* 1890, in-8, broché.

> Exemplaire (n° 73) imprimé sur PAPIER DU JAPON, contenant les eaux-fortes en deux états : AVANT et avec la lettre.

195. FÉMINIES, huit chapitres inédits dévoués à la femme, à l'amour, à la beauté, par Gyp, Abel Hermant, Henri Lavedan, Marcel Schwob et Octave Uzanne. Frontispices en couleurs d'après Félicien Rops. Encadrements et vignettes de Rudnicki. *Paris, imprimé pour les Bibliophiles contemporains,* 1896, in-8, broché (*Couvert. illust.*).

> Tirage unique à 183 exemplaires (n° 94) imprimés sur PAPIER DU JAPON ; contenant les figures en deux états : avant la lettre en noir, avec remarques et avec la lettre, tirées en couleurs.

196. FÉNELON. Les Aventures de Télémaque, suivies des aventures d'Aristonoüs, précédées d'un Essai sur la vie et les ouvrages de Fénelon, par M. Jules Janin. Édition illustrée par MM.

Tony Johannot, E. Wattier, Daubigny, etc. *Paris, E. Bourdin,
s. d.* [1840], gr. in-8, dos et coins mar. brun à longs grains,
fil., dos orné, tr. jasp. (*Rel. de l'époque*).

> Édition illustrée d'un portrait de Fénelon sur papier blanc et de 20
> planches hors texte, tirées sur Chine.
> Exemplaire fortement piqué par l'humidité.

197. FÉVAL (Paul). Le premier Amour de Charles Nodier. Avant-
propos de Maurice Tourneux. *Paris, A. Rouquette,* 1900, pet.
in-8, broché.

> Tirage unique à 150 exemplaires (n° 66) contenant le TIRAGE A PART,
> SUR PAPIER DE CHINE, de toutes les illustrations.

198. FIÉVÉE (Joseph). La Dot de Suzette, avec notice biographique inédite. Illustrations par V. Foulquier. *Paris, imprimé pour
les Amis des livres,* 1892, in-12, broché.

> Édition tirée à 115 exemplaires (n° 67) imprimés sur papier vélin,
> contenant les figures en 3 états, dont L'EAU-FORTE PURE.

199. FLAMENT (Albert) (Sparklet). Fauteuils et couloirs. Eaux-
fortes de Minartz. *Paris, imprimé pour Henri Béraldi,* 1906, gr.
in-8, broché.

> Tirage unique à 75 exemplaires imprimés sur PAPIER DE HOLLANDE
> (n° 44).

200. FLAMENT (Albert). Palaces et sleepings. Eaux-fortes de Minartz. *Paris, imprimé pour Henri Béraldi,* 1908, gr. in-8, broché

> Tirage unique à 75 exemplaires imprimés sur PAPIER DE HOLLANDE
> (n° 44).

201. FLAMENT (Albert). Fleur de Paris. Dessins de Minartz gravés sur bois par H. Paillard. *Paris, imprimé pour Henri Béraldi,* 1909, gr. in-8, broché.

> Tirage unique à 90 exemplaires imprimés sur PAPIER WHATMAN
> (n° 21).

202. FLAUBERT (Gustave). La Tentation de Saint-Antoine par
Gustave Flaubert. *Paris, Charpentier,* 1874, in-8, broché.

> ÉDITION ORIGINALE.

203. FLAUBERT (Gustave). Un Cœur simple. *Aux dépens de la
Société normande du livre illustré,* 1903, in-12, broché.

> Illustrations de *Rudaux* gravées en couleurs.
> Tirage unique à 110 exemplaires (n° 76) imprimés sur papier de Hol
> lande ; contenant la décomposition des couleurs d'une planche.

204. FLAUBERT (Gustave). La Légende de S. Julien l'Hospita-
lier. Préface d'Octave Join-Lambert. Fac-simile d'un manuscrit
calligraphié, enluminé et historié par Malatesta. *Au dépens de la
Société normande du livre illustré, Paris*, 1906, pet. in-4, broché.

> Tirage unique à 170 exemplaires sur papier du Japon.
> Exemplaire n° 84.

205. FLEURS ANIMÉES (Les), par J.-J. Grandville, introduc-
tions par Alph. Karr, texte par Taxile Delord. *Paris, Gabriel de
Gonet*, 1847, 2 vol. gr. in-8, dos et coins mar. rouge, fil., dos
orné (*Couvert. illust.*).

> PREMIER TIRAGE.
> Ouvrage orné de 52 planches coloriées et de 2 planches de bota-
> nique.
> Couvertures doublées.

206. FLORIAN. Fables de Florian, illustrées par Victor Adam,
précédées d'une notice par Charles Nodier et d'un essai sur la
fable. *Paris. Delloye, Desmé et Cie*, 1838, in-8. dos et coins mar.
bleu foncé, fil., dos orné, tr. dor. (*Rel. de l'époque*).

> PREMIER TIRAGE.
> Ouvrage orné de 110 planches gravées sur cuivre.

207. FOE (Daniel de). Aventures de Robinson Crusoé, traduites
par Mme A. Tastu, suivies d'une notice sur Foe et sur le matelot
Selkirk par Louis Reybaud et ornées de 50 gravures sur acier
d'après les dessins de M. de Sainson. *Paris, Didier*, 1837, 2 vol.
in-8, cartonnés, non rognés.

> Cartonnage de l'époque un peu fatigué.

208. FORAIN. La Comédie parisienne. Deuxième série. *Paris,
Plon, s. d.*, in-12, broché (*Couvert. illust.*).

> Un des 100 exemplaires (n° 33) imprimés sur PAPIER DE CHINE.

209. FRANCE (Anatole). Histoire comique. Pointes sèches et
eaux-fortes de Edgard Chahine. *Paris, Calmann Lévy, s. d.*, in-4,
broché.

> Un des 60 exemplaires (n° 45) imprimés sur PAPIER DU JAPON. Celui-
> ci est au nom de M. L. Manchon.

210. FRANCE (Anatole). Clio. Illustrations de Mucha. *Paris, Calmann Lévy*, 1900, pet. in-8, broché (*Couvert. illust.*).

> Un des 50 exemplaires (n° 33) imprimés sur PAPIER DE CHINE, con-
> tenant les figures en trois états : deux en couleurs et un au trait.

211. FRANCE (Anatole). Balthasar et la reine Balkis. Aquarelles originales d'après Henri Caruchet. *Paris, L. Conquet, Carteret Suc^r*, 1900, in-8, broché (*Couvert. illust.*).

> Exemplaire imprimé sur papier vélin du Marais, offert par l'éditeur à M. L. Manchon.

212. FRANCE (Anatole). Jean Gutenberg, suivi du Traitté des phantosmes de Nicole Langelier ; compositions de G. Bellenger, Bellery-Desfontaines, F. Florian, et Steinlen, gravées par Deloche, Ernest et Frédéric Florian, Froment, Mathieu. *Paris, Ed. Pelletan*, 1900, pet. in-4, broché.

> Édition tirée à 113 exemplaires ; celui-ci est un des 100 exemplaires (n° 52) imprimés sur papier vélin à la cuve.

213. FRANCE (Anatole). Thaïs, compositions de Paul-Albert Laurens. Gravures à l'eau-forte de Léon Boisson. *Paris, Librairie de la Collection des dix*, 1900, in-8, broché (*Couvert. illust.*).

> Un des 175 exemplaires (n° 130) imprimés sur papier vélin d'Arches.

214. FRANCE (Anatole). Le Procurateur de Judée. *Paris, Société des Amis des livres*, 1902, in-4, broché.

> Tiré à 130 exemplaires (n° 65) sous la direction de MM. Victor Mercier et Raymond-Claude Lafontaine. Compositions de *Aug.-Fr. Gorguet*, gravées à l'eau-forte par *L. Muller*.

215. FROMENTIN (Eugène). Sahara et Sahel. Un Été dans le Sahara. Une Année dans le Sahel. Edition illustrée de douze eaux-fortes par Lerat, Courtry et Rajon, d'une héliogravure et de quarante-cinq gravures en relief d'après les tableaux, les dessins, les croquis d'Eugène Fromentin. *Paris, E. Plon et Cie*, 1879, 1 tome en 2 vol. gr. in-8, brochés. ·

> Un des 50 exemplaires (n° 31) imprimés sur PAPIER DE HOLLANDE ; contenant les eaux-fortes en QUATRE ÉTATS sur Chine : avant et avec la lettre en noir et en sanguine et les 45 gravures en relief en deux états dont un sur Chine volant.

216. GAILLARDET (F.) et A. DUMAS. La Tour de Nesle, drame en cinq actes et neuf tableaux représenté, pour la première fois, à Paris, sur le théâtre de la Porte-Saint-Martin, le 29 mai 1832. *Paris, imprimé pour les Amis des livres*, 1901, gr. in-8, broché.

> Tirage unique à 115 exemplaires (n° 65) imprimés sur papier vélin du Marais. Compositions de *A. Robida*, gravées en couleurs par *A. Bertrand*.

217. GALIBERT (Léon). Histoire de l'Algérie ancienne et moderne, depuis les premiers établissements des Carthaginois jus-

ques et y compris les dernières campagnes du général Bugeaud.
Avec une introduction..... *Paris, Furne et Cie*, 1843, gr. in-8,
demi-rel. chag. noir, tête dor., non rogné (*Rel. de l'époque*).

> Premier tirage.
> Ouvrage orné de 37 planches hors texte, gravées sur acier, dont 12
> planches de costumes militaires et une carte de l'Algérie.

218. GASTINE (Loys-Julius). Lys amors d'Hélain-Pisan et
d'Iseult de Savoisy miz en escripts par Loys-Julius Gastine et
aornés d'imaiges par Edoard Zier. *Paris, Quantin*, 1890, in-8,
broché (*Couvert. illust.*).

> Un des 20 exemplaires (n° 18) imprimés sur papier du Japon.

219. GAUTIER (Théophile). Honoré de Balzac. Édition revue et
augmentée, avec un portrait gravé à l'eau-forte par E. Hédouin.
Paris, Poulet-Malassis et de Broise, 1859, in-12, dos et coins
mar. brun, fil., dos orné, tête dor., non rogné (*Hardy*).

> Exemplaire imprimé sur papier de Hollande auquel on a ajouté
> 30 portraits modernes d'écrivains et de personnages des xviie, xviiie et
> xixe siècles.

220. GAUTIER (Théophile). Suite de 12 eaux-fortes dessinées et
gravées par Milius pour illustrer « *L'Eldorado ou Fortunio* ».
Paris, imprimé pour les Amis des livres, 1880, gr. in-8.

> Épreuves avant la lettre avec remarques tirées, sur papier pelure du
> Japon et signées à la pointe.
> On y a joint une variante, tirée sur papier de Hollande, de la seconde
> planche.

221. GAUTIER (Théophile). Mademoiselle de Maupin. Double
amour. Réimpression textuelle de l'édition originale. Notice bi-
bliographique par M. Charles de Lovenjoul. *Paris, L. Conquet*,
1883, 2 vol. gr. in-8, brochés.

> Un des 50 exemplaires (n° 57) imprimés sur papier du Japon ; conte-
> nant les 18 compositions de *Toudouze*, gravées par *Champollion*, en deux
> états : avant et avec la lettre.
> On y a joint : 1° les 4 pièces d'essai en divers états sur Hollande et
> sur Japon ; 2° la suite des 10 eaux-fortes de *Poirson*, gravées par *Faluel*
> publiée chez *Nadaud*, en 1881, en épreuves avant la lettre sur papier
> de Chine.

222. GAUTIER (Théophile). Militona. Un portrait et dix compositions de Adrien Moreau, gravés par A. Lamotte. *Paris, L. Conquet*, 1887, in-8, broché.

> Exemplaire (n° 62) imprimé sur papier du Japon ; contenant les
> eaux-fortes en deux états : avant et avec la lettre.

223. GAUTIER (Théophile). Émaux et Camées. Cent douze des

sins de Gustave Fraipont. Préface par Maxime du Camp. *Paris.
L. Conquet*, 1887, in-16, broché (*Couvert. illust.*).

> Exemplaire (n° 47) imprimé sur PAPIER DE CHINE ; contenant le TIRAGE
> A PART sur Chine de toutes les illustrations.
> On y a joint le faux-titre et le titre sur papier du Japon ; le faux-
> titre est orné d'une AQUARELLE ORIGINALE de G. FRAIPONT.

224. GAUTIER (Théophile). Le petit Chien de la marquise. Préface de Maurice Tourneux. Vingt et un dessins de Louis Morin.
Paris. L. Conquet, 1893, in-16, broché (*Couvert. illust.*).

> Un des 150 exemplaires (n° 133) imprimés sur papier vélin blanc,
> avec les FIGURES AQUARELLÉES.
> Cet exemplaire renferme un TIRAGE A PART en noir, sur Chine, de
> toutes les illustrations.

225. GAUTIER (Théophile). Fortunio. Réimpression textuelle de
l'édition originale. 24 lithographies en couleurs de A. Lunois.
Paris. Librairie des bibliophiles, Librairie L. Conquet, 1898,
in-8 écu, broché.

> Un des 80 exemplaires sur papier de Chine (n° LVI), contenant une
> double suite des lithographies : en noir et en couleurs.

226. GAUTIER (Théophile). Le Roman de la momie. Quarante-
deux compositions originales de Alex. Lunois, gravées au burin
et à l'eau-forte par Léon Boisson. *Paris. L. Conquet*, 1901, in-8,
broché (*Couvert. illust.*).

> Exemplaire de grand choix (n° 36), imprimé sur papier VÉLIN DU
> MARAIS contenant les illustrations en deux états : avant et avec la
> lettre.

227. GAVARNI. Impressions de ménage. *A Paris, imp. d'Aubert
et C*ie*. s. d.*, in-4, cartonn. toile violette, titre doré sur le premier plat, tr. jasp.

> Suite de 36 lithographies coloriées.

228. GAVARNI. Œuvres nouvelles. *Paris, Librairie nouvelle*,
1853-1854, 34 livraisons gr. in-4, brochées (*Couvert.*).

> Série complète renfermant 339 lithographies, dont voici le détail :
> *Les Partageuses*, 40 pl. — *Les Maris me font toujours rire*, 30 pl. —
> *Le Manteau d'Arlequin*, 10 pl. — *L'École des pierrots*, 10 pl. — *Les Lo-
> rettes vieillies*, 30 pl. — *Histoire de politiquer*, 30 pl. — *Piano*, 10
> pl. — *Les Anglais chez eux*, 20 pl. — *Les Petits mordent*, 10 pl. — *Les
> Invalides du sentiment*, 30 pl. — *Les Parents terribles*, 20 pl. — *La Foire
> aux amours*, 10 pl. — *Les Bohèmes*, 20 pl. — *Les Propos de Thomas Vi-
> reloque*, 20 pl. — *Histoire d'en dire deux*, 10 pl. — *Manière de voir des
> voyageurs*, 10 pl. — *Études d'androgynes*, 10 pl. — *Messieurs du feuille-
> ton*, 9 pl. — *Ce qui se fait dans les meilleures sociétés*, 10 pl.

229. GAVARNI. Œuvres choisies, revues, corrigées et nouvelle-
ment classées par l'auteur. Etudes de mœurs contemporaines.
Les Enfants terribles. Les Lorettes. Les Actrices. Le Carnaval à
Paris, etc. *Paris, J. Hetzel,* 1846-1848, 4 tomes en deux vol.
gr. in-8, dos et coins mar. bleu, tête dor.

> Premier tirage.
> Deux planches manquent : une dans la série intitulée « *Les Actrices* »
> et l'autre dans « *Les Débardeurs* ».

230. GEFFROY (Gustave). Les Bateaux de Paris. Illustrations de
Eugène Bejot et Charles Huard, gravures sur bois par J. Beltrand. *Se vend chez Ch. Bosse. Paris,* 1903, in-4, en feuilles,
dans un carton (*Couvert. illustr.*).

> Un des 25 exemplaires (n° 21) tirés sur Japon impérial et contenant
> une suite des eaux-fortes tirées à part.
> L'eau-forte de la couverture est en couleurs.
> Edition imprimée à 184 exemplaires.

231. GERBAULT (Henry). Ach'tez-moi, joli blond ! Contenant
100 dessins. Préface de Charles Mongel. *Paris, H. Simonis
Empis,* 1900, in-12, broché (*Couvert. illust.*).

> Un des 50 exemplaires (n° 26) imprimés sur papier de Chine.

232. GERBAULT (Henry). Bonjour, M'sieurs Dames. Contenant
100 dessins. Préface de Paul Guillain. *Paris, H. Simonis Empis,*
1903, in-12, broché (*Couvert. illust.*).

> Un des 30 exemplaires (n° 14) imprimés sur papier de Chine.

233. GINESTE (Raoul). Soirs de Paris. Dessins de Minartz, gravés sur bois par Paillard. *Paris, imprimé pour Henri Béraldi,*
1903, in-8, broché.

> Tirage unique à 138 exemplaires (n° 36) imprimés sur papier vélin
> du Marais.

234. GOETHE. Les Souffrances du jeune Werther par Goethe.
Traduites par le comte Henri de La B..... (Bédoyère). Seconde
édition. *Paris, de l'imprimerie de Crapelet,* 1845, in-8, dos et
coins mar. brun, tête dor., ébarbé.

> Edition ornée de 4 eaux-fortes gravées par *Burdet* d'après *Tony
> Johannot.*
> On y a joint les 3 figures de *Moreau le jeune,* gravées par *Simonet* et
> *E. De Ghendt,* de l'édition de Paris, Didot, 1809.

235. GOETHE. Werther. Traduction nouvelle, précédée de consi-
dérations sur Werther et en général sur la poésie de notre époque, par Pierre Leroux : accompagnée d'une préface par George
Sand. Dix eaux-fortes par Tony Johannot. *Paris, J. Hetzel,*

1845, gr. in-8, dos et coins veau fauve, fil., dos orné à froid, tr. jasp. (*Paulin*).

PREMIER TIRAGE.
2 planches sont détachées de la reliure.

236. GOLDSMITH. Le Vicaire de Wakefield, traduit en français, avec le texte anglais en regard, par Charles Nodier, précédé d'une notice par le même sur la vie et les ouvrages de Gold-smith. *Paris, Bourgueleret*, 1838, in-8, demi-veau, violet, dos orné, tr. jasp. (*Rel. de l'époque*).

PREMIER TIRAGE.

237. GONCOURT (Edm. et J. de). Mystères des théâtres, 1852, par Edmond de Goncourt, Jules de Goncourt. Cornelius Holff. *Paris. Librairie nouvelle*, 1853, in-8, broché (*Couvert.*).

EDITION ORIGINALE.
Bel exemplaire, non coupé.

238. GONCOURT (Edm. et J. de). L'Art du dix-huitième siècle. *Paris, E. Dentu*, 1859-1875, 12 fascicules reliés en un vol. in-4. dos et coins mar. grenat, dos orné, tête dor., ébarbé.

EDITION ORIGINALE tirée à 200 exemplaires.
Exemplaire sans les couvertures des livraisons.

239. GONCOURT (Edm. et J. de). Idées et Sensations. *Paris, A. Lacroix, Verboeckhoven*, 1866, in-8, broché.

EDITION ORIGINALE.

240. GONCOURT (Edm. et J. de). Madame Gervaisais. *Paris. A. Lacroix, Verboeckhoven et Cie*, 1869, in-8, broché.

EDITION ORIGINALE.

241. GONCOURT (Edm. et J. de). Sophie Arnould d'après sa correspondance et ses mémoires inédits. *Paris, E. Dentu*, 1877, in-8 carré, broché.

Ouvrage tiré à petit nombre.

242. GONCOURT (Edm. et J. de). La Lorette, avec un dessin de Gavarni. gravé par Jules de Goncourt. *Paris, G. Charpentier*, 1883, in-16, broché.

Un des 50 exemplaires (n° 63) imprimés sur PAPIER WHATMAN ; contenant le frontispice en deux états : en bistre sur Japon et en noir sur Hollande.

243. GONCOURT (Edm. et J. de). Journal des Goncourt. Mé-

moires de la vie littéraire, 1851-1895. *Paris, G. Charpentier et C⁰*, 1887-1896, 9 vol. in-12, brochés.

EDITION ORIGINALE.
Un des 50 exemplaires (n° 21) imprimés sur PAPIER DE HOLLANDE.

244. GONCOURT (Edm. et J. de). L'Italie d'hier. Notes de voyages, 1855-1856. Entremêlées des croquis de Jules de Goncourt jetés sur le carnet de voyage. *Paris, L. Conquet, 1894,* in-8, broché.

Un des 75 exemplaires (n° 3) imprimés sur papier de Chine ; contenant les figures hors texte en deux états : en couleurs (de plus grandes dimensions) sur papier vélin et avec la lettre en noir, sur papier de Chine.

245. GOUDEAU (Emile). Tableaux de Paris. Paris qui consomme. Dessins de Pierre Vidal. *Paris, imprimé pour Henri Béraldi.* 1893, gr. in-8, broché.

Tirage unique à 138 exemplaires (n° 95) imprimés sur papier vélin des Vosges. Illustrations en couleurs.

246. GOUDEAU (Emile). Poèmes parisiens. Illustrations de Ch. Jouas, gravées sur bois par H. Paillard. *Paris, imprimé pour Henri Béraldi,* 1897, in-8, broché.

Tirage unique à 138 exemplaires (n° 105) imprimés sur PAPIER DE CHINE.

247. GOUDEAU (Emile) et Henri PAILLARD. Paris-staff. Exposition de 1900. *Paris, imprimé pour Henri Béraldi, s. d.* (1902), in-8, broché.

Tirage unique à 118 exemplaires (n° 39) imprimés sur papier vélin de cuve.

248. GRANDVILLE. Un autre Monde, transformations, visions, incarnations, ascensions, locomotions, explorations, pérégrinations..... par Grandville. *Paris, H. Fournier.* 1844. gr. in-8. cartonn. avec fers spéciaux en couleurs et dorés, tr. dor. (*Rel. de l'éditeur*).

PREMIER TIRAGE.
Ouvrage orné de 37 planches hors texte coloriées.
Cartonnage très frais.

249. GRASSET (Eugène). Les Mois. Douze compositions d'Eugène Grasset gravées sur bois et imprimées en chromotypographie. *Paris, C. de Malherbe, s. d.,* in-4, broché.

Exemplaire contenant les 12 compositions en deux états : avec la lettre en couleurs sur papier du Japon et avant la lettre, en noir, sur papier de Chine.

250. GRYPERL. Phonographie de l'amour, aggravée d'un commentaire au crayon par Lucien Metivet. *Paris, Paul Ollendorff,* 1895, in-8, broché (*Couvert. illust.*).

> Un des 50 exemplaires (n° 6) imprimés sur PAPIER DE CHINE, contenant un TIRAGE A PART de toutes les illustrations.

251. GUICHES (Gustave). La Pudeur de Sodome. Frontispice gravé à l'eau-forte par Félicien Rops. *Paris, Quantin,* 1888, in-4, broché.

> Un des 325 exemplaires (n° 227) imprimés sur PAPIER DE HOLLANDE ; contenant un IMPORTANT DESSIN AQUARELLÉ de FÉLICIEN ROPS pouvant servir de frontispice au livre.

252. GUILLAUME (Albert). Madame veut rire. Contenant 100 dessins : préface par une femme du monde. *Paris, H. Simonis Empis,* 1902, in-12, broché (*Couvert. illust.*).

> Un des 25 exemplaires (n° 14) imprimés sur PAPIER DE CHINE.

253. GUILLAUME (Albert). Contre le spleen, contenant 100 dessins. *Paris, H. Simonis Empis,* 1902, in-12, broché (*Couvert. illust.*).

> Un des 25 exemplaires (n° 4) imprimés sur PAPIER DE CHINE.

254. GUILLAUME (Albert). Les Unes et les autres. Contenant 100 dessins. *Paris, Garnier frères,* 1905, in-12, broché (*Couvert. illust.*).

> Un des 25 exemplaires (n° 13) imprimés sur PAPIER DE CHINE.

255. HALÉVY (Ludovic). Une Maladresse. Nouvelle. *Paris, chez Bonaventure et Ducessois,* 1857, in-8, de 46 pages, cartonn. toile grise (*Couvert.*).

> EDITION ORIGINALE.
> Sur le faux-titre, envoi autographe de l'auteur à son grand père (Hip. Le Bas).

256. HALÉVY (Ludovic). La famille Cardinal. *Paris, Calmann-Lévy,* 1883, in-16, dos et coins mar. rouge, fil., dos orné, tête dor., non rogné, couvert. (*Champs*).

> Un des 200 exemplaires (n° 180) imprimés sur papier vergé du Marais ; contenant le TIRAGE A PART de toutes les illustrations sur PAPIER DU JAPON.

257. HALÉVY (Ludovic). Trois coups de foudre. Dix dessins de Kauffmann, gravés par T. De Mare. *Paris, L. Conquet,* 1886, in-16, broché.

> Un des 150 exemplaires (n° 35) imprimés sur PAPIER DU JAPON ; contenant les illustrations en deux états : AVANT et avec la lettre.

258. HALEVY (Ludovic). Karikari. Aquarelles d'après Henriot. *Paris, L. Conquet,* 1888, in-18, broché.

> Édition non mise dans le commerce.
> Exemplaire imprimé sur PAPIER DU JAPON, contenant les vignettes coloriées et un envoi de l'éditeur à M. Manchon.

259. HALÉVY (Ludovic). Mariette. Quarante compositions de Henry Somm. *Paris, L. Conquet,* 1893, in-8, broché (*Couvert. illust.*).

> Exemplaire imprimé sur PAPIER DE CHINE offert par l'éditeur à M. Manchon, et auquel on a ajouté le TIRAGE A PART, en noir, sur PAPIER DE CHINE, de toutes les illustrations.

260. HAMILTON (Antoine). Mémoires du comte de Grammont par Antoine Hamilton. Un portrait de A. Hamilton et trente-trois compositions de C. Delort, gravées au burin et à l'eau-forte par L. Boisson. Préface de H. Gausseron. *Paris, Librairie L. Conquet,* 1888, gr. in-8, broché.

> Un des exemplaires de grand choix sur papier VÉLIN DU MARAIS, contenant une double suite des figures hors texte, AVANT la lettre, et un TIRAGE A PART des vignettes du texte.

261. HARAUCOURT (Edmond). Le Sire de Chambley (Edmond H...). La Légende des sexes. Poëmes hysteriques. 1882. *Imprimé à Bruxelles pour l'auteur.* In-8, broché.

> ÉDITION ORIGINALE.
> Ouvrage publié à 215 exemplaires, non mis dans le commerce et portant la signature de l'auteur.

262. HARAUCOURT (Edmond). L'Effort. La Madone. L'Antéchrist. L'Immortalité. La Fin du monde. *A Paris, publié pour les sociétaires de l'Académie des beaux livres,* 1894, in-4, broché (*Couvert. illust.*).

> Illustrations de Rudnicki, Lunois, E. Courboin, Carloz Schwabe, A. Léon. Publication de la Société des Bibliophiles contemporains.

263. HENNIQUE (Léon). La Mort du duc d'Enghien, en trois tableaux. Dessins de Henri Dupray, gravés à l'eau-forte par L. Muller. *Paris, Tresse et Stock,* 1886, in-8, broché.

> ÉDITION ORIGINALE tirée à 150 exemplaires.
> Celui-ci est un des 130 imprimés sur papier de Hollande (n° 28).

264. HENNIQUE (Léon). Deux Patries, drame en cinq tableaux dont un prologue. Nouvelle édition illustrée de compositions originales par Bertrand, gravées au burin et à l'eau-forte par Léon Boisson. *Paris, L. Conquet, Carteret et C*, 1903, in-8, broché.

> Exemplaire (n° 34) de grand choix, imprimé sur PAPIER VÉLIN, contenant un TIRAGE A PART, avec remarques, de toutes les illustrations.

265. HENNIQUE (Léon). Minnie Brandon. Compositions de
François Thévenot, gravées en couleurs par Thevenin et Mortier. *Paris, A. Romagnol, s. d.* (1907), in-8, broché.

> Exemplaire (n° 67) imprimé sur papier vélin d'Arches contenant les
> planches en deux états : AVANT et avec la lettre et la décomposition des
> couleurs d'une planche.
> On y a joint le prospectus de l'ouvrage.

266. HENRIOT. L'Ar· ée parisienne. Texte et dessins par Henriot. *Paris, L. Conquet,* 1894, in-12, cartonn., dos et coins vélin
blanc, dos orné à l'aquarelle par Henriot, non rogné, couvert.
(*Carayon*).

> Edition tirée à 3oo exemplaires non mis dans le commerce.
> Exemplaire avec les figures coloriées, offert par l'éditeur à M. Manchon.
> Il est orné sur le faux-titre d'une AQUARELLE ORIGINALE de HENRIOT.

267. HENRIOT. Napoléon aux enfers, Illustrations par l'auteur.
Paris, L. Conquet, 1895, in-12, broché (*Couvert. illust.*).

> Exemplaire non mis dans le commerce, offert par l'éditeur à M.
> Manchon.

268. HEREDIA (José-Maria de). La Nonne Alferez. Illustrations
de Daniel Vierge, gravées par Privat-Richard. *Paris, Alphonse
Lemerre,* 1894, in-18, broché.

> Un des 5o exemplaires imprimés sur PAPIER DE CHINE.

269. HERMANN-PAUL. Le Veau gras. Roman dessiné. *Paris,
Charpentier et Fasquelle,* 1904, in-8, broché (*Couvert. illust.*).

> Un des 5o exemplaires (n° 15) imprimés sur PAPIER DE CHINE pour la
> librairie L. Carteret.

270. HERMANT (Abel). Les Confidences d'une aïeule, (1788-1863).
Illustrations de Louis Morin. *Paris, Paul Ollendorff,* 1900, in-8,
en feuilles dans un carton.

> Un des 5o exemplaires (n° 56) imprimés sur PAPIER DE CHINE ; conte-
> nant 1 état des planches hors texte, coloriées à l'aquarelle, et le TIRAGE A
> PART, en noir sur Chine, de toutes les illustrations.

271. HISTOIRE DES QUATRE FILS AYMON, très nobles et
très vaillans chevaliers. Illustrée de compositions en couleurs
par Eugène Grasset. Introduction et notes par Charles Marcilly.
Paris, H. Launette, 1883, in-4 en feuilles dans deux cartons.

> Un des 100 exemplaires (n° 195) imprimés sur PAPIER DE CHINE.

272. HISTOIRE et chronique du petit Jehan de Saintré et de la
jeune Dame des Belles Cousines, sans aultre nom nommer. Collationnée sur les manuscrits de la Bibliothèque royale et sur les

éditions du xvi⁰ siècle. *Paris, Firmin Didot*, 1830, in-8, dos et coins veau gris, fil., dos orné, ébarbé (*Champs*).

> Exemplaire contenant les vignettes, fleurons, initiales, etc., coloriés et rehaussés d'or.

273. HISTORIAL DU JONGLEUR (L'). Chroniques et légendes françaises, publiées par MM. Ferdinand Langlé et Emile Morice ; ornées d'initiales, vignettes et fleurons imités des manuscrits originaux... *Paris, Firmin Didot*, 1829, in-8, cartonnage papier (*Rel. de l'éditeur*).

> Texte imprimé en caractères gothiques.
> Bel exemplaire contenant les figures et les initiales coloriées et rehaussées d'or.

274. HOFFMANN. Contes fantastiques de Hoffmann. Traduction nouvelle, précédés de souvenirs intimes sur la vie de l'auteur, par P. Christian. Illustrés par Gavarni. *Paris, Lavigne*, 1843, gr. in-8, demi-rel. veau violet, dos orné, tr. jasp. [*Rel. de l'époque*].

> Premier tirage des illustrations de *Gavarni*.

275. HORACE. Quinti Horatii Flacci opera. Cum novo commentario ad modum Joannis Bond. *Parisiis, ex typographia Firminorum Didot*, 1855, in-16, mar. La Vall., fil. et milieu à froid, tr. dor.

> Édition ornée de 8 photographies hors texte, dont 6 vues et 2 plans, et de 11 têtes de chapitres également en photographie.

276. HOUSSAYE (Henry). La Charge. Tableau de bataille, par Henry Houssaye. Dessin d'Edouard Detaille. *Paris, Perrin et Cᵢᵉ*, 1894, in-12, broché.

> Édition originale.
> Un des 50 exemplaires (n° 38) imprimés sur papier de Hollande, contenant le dessin de Detaille sur vélin et sur Chine.

277. HOUSSAYE (Henry). Aspasie. Cléopatre. Théodora. Illustrations de A. Giraldon. *Paris, imprimé pour les Amis des livres*, 1899, in-8, broché.

> Édition tirée à 120 exemplaires (n° 64) sur papier vélin, ornée d'entêtes et culs-de-lampe gravés sur bois en trois couleurs et contenant un tirage à part, en noir sur Chine, de toutes les illustrations.
> On joint une plaquette de 8 ff., intitulée *Les Aspasies modernes. Un nouveau chapitre d'Aspasie*.

278. HOUSSAYE (Henry). La Garde meurt et ne se rend pas.

Histoire d'un mot historique. *Paris, Perrin et Cie*, 1907, in-12, broché.

279. HUGO (Victor). Ruy Blas, drame en cinq actes. Un portrait et quinze compositions de Adrien Moreau, gravées à l'eau-forte par Champollion. *Paris, L. Conquet,* 1889, gr. in-8, broché.

Exemplaire (n° 65) imprimé sur papier du Japon, contenant les illustrations en deux états : avant et avec la lettre.

280. HUGO (Victor). Édition nationale. Notre-Dame de Paris. *Paris, Emile Testard et Cie*, 1889, 2 vol. in-4, brochés.

Exemplaire (n° 734) imprimé sur papier vergé, contenant les planches hors texte en deux états : avant et avec la lettre et le tirage a part des figures du texte.
On y a joint les deux planches refusées : *Quasimodo* et le *Petit Soulier*, également en deux états.

281. HUGO (Victor). Hernani, drame en cinq actes. Un portrait d'après Devéria et quinze compositions de Michelena, gravés à l'eau-forte par Boisson. *Paris, L. Conquet,* 1890, gr. in-8, broché.

Exemplaire (n° 69) imprimé sur papier du Japon, contenant les illustrations en deux états : avant et avec la lettre.

282. HUGO (Victor). Cinq poèmes. — Booz endormi. — Bivar. — O Soldats de l'an deux ! — Après la bataille. — Les pauvres gens. Ornés de trente-cinq compositions de Auguste Rodin, Eugène Carrière, Daniel Vierge, Willette, Dunki, Steinlen. *Paris, Edouard Pelletan,* 1902, in-4, en feuilles, dans un carton.

Un des 20 exemplaires (n° 12) imprimés sur papier du Japon ancien contenant le tirage a part, sur papier de Chine, de toutes les illustrations.
On y a joint le prospectus de l'ouvrage.

283. HUGUES (Clovis). Le Journal. Avec une préface de M. Henri Bouchot. *Paris, Société artistique du livre illustré.* 1890, in-8, broché, étui.

Exemplaire (n° 26) imprimé sur papier vélin du Marais au nom de M. L. Manchon.

284. HUYSMANS (J.-K.). Croquis parisiens. Eaux-fortes de Forain et Raffaelli. *Paris, Henri Vaton,* 1880, in-8, broché.

Exemplaire imprimé sur papier de Hollande, contenant 1 frontispice et 7 eaux-fortes.
On y a ajouté 2 planches de *Forain* refusées par l'auteur comme ne se rapportant pas à son sujet.

285. HUYSMANS (J.-K.). Les sœurs Vatard. Illustrées de vingt-huit compositions, dont cinq hors texte en couleurs, par J.-F. Raffaëlli. Préface de Lucien Descaves. *Paris, F. Ferroud,* 1909, gr. in-8, broché.

>Un des exemplaires (n° 43) imprimés sur GRAND VÉLIN D'ARCHES contenant les eaux-fortes en trois états dont l'EAU-FORTE PURE.

286. IRVING (Washington). Rip Van Winkle. Illustré par Arthur Rackham. *Paris, Hachette et Cie,* 1906, in-4, cartonn. vélin, fers spéciaux, tête dor. (*Cartonn. des éditeurs.*).

>Exemplaire (n° 86) d'une édition tirée sur PAPIER WHATMAN à 200 exemplaires numérotés.

287. JACCACI (F.). Au pays de Don Quichotte; souvenirs rapportés par Auguste-F. Jaccaci. Préface d'Arsène Alexandre. Illustrés par Daniel Vierge. *Paris, Hachette,* 1901, in-8, broché, étui.

>Un des 100 exemplaires (n° 26) imprimés sur PAPIER DE CHINE.

288. JANIN (Jules). L'Ane mort. Édition illustrée par Tony Johannot. *Paris, Ernest Bourdin,* 1842, gr. in-8, chagrin noir, fers spéciaux, tr. dor. (*Rel. de l'éditeur*).

>1 portrait de Jules Janin gravé sur acier par *Revel*; 12 bois hors texte tirés sur papier teinté Chine et 100 vignettes dans le texte, gravées sur bois par *T. Johannot.*
>Légères taches de rousseur.
>PREMIER TIRAGE.

289. JANIN (Jules). L'Amour des livres. *Paris, J. Miard,* 1866, in-16, broché.

>ÉDITION ORIGINALE, tirée à 200 exemplaires sur papier vergé.

290. JARDIN DES PLANTES (Le), description et mœurs des mammifères de la Ménagerie et du Museum d'histoire naturelle, par M. Boitard. Précédé d'une introduction historique, descriptive et pittoresque par M. J. Janin. *Paris, J.-J. Dubochet et Cie,* 1842, gr. in-8, cartonn. toile bleue, fers spéciaux (*Rel. des éditeurs*).

>PREMIER TIRAGE.
>Ouvrage orné de 58 planches hors texte.

291. JULLIEN (Adolphe). Le Romantisme et l'éditeur Renduel. Souvenirs et documents sur les écrivains de l'école romantique, avec lettres inédites adressées par eux à Renduel. Ouvrage orné de cinquante illustrations.... *Paris, Charpentier,* 1897, in-12, broché (*Couvert. illust.*).

>Un des 30 exemplaires (n° 7) imprimés sur PAPIER DE CHINE.

292. KLEIST (Henri de). La Cruche cassée, comédie en un acte. Traduite de l'allemand par Alfred de Lostalot. Avec 34 illustrations gravées sur bois d'après les compositions originales de Adolphe Menzel. *Paris, Firmin Didot et Cie*, 1884, in-fol., cartonné.

> Un des 5o exemplaires (n° 7) imprimés sur PAPIER DU JAPON.
> On y a ajouté 4 grandes figures de *Ad. Menzel*, faisant partie de la Vie du Grand Frédéric.

293. KUGLER (Franz). Geschichte Friedrichs des Grossen. Geschrieben von Franz Kugler. Gezeichnet von Adolph Menzel. *Leipzig, J.-J. Weber*, 1840. Gr. in-8, figures, dos et coins mar. vert. dos orné, non rogné, couv. illustr. (*J. Champs*).

> Première édition ornée de belles épreuves des bois de *Menzel*.
> On a relié à la fin les couvertures illustrées des 20 livraisons.

294. LA BEDOLLIÈRE (Emile de). Les Industriels ; métiers et professions en France. Avec cent dessins par Henry Monnier. *Paris, Louis Janet*, 1842, in-8, dos et coins mar. rouge, fil., dos orné. non rogné, Couv. illust. (*Champs*).

> 3o planches hors texte par *H. Monnier*.
> La couverture est doublée et a un coin réparé.

295. LACROIX (Paul). Ma République ; précédée d'un à-propos de l'auteur. Sept eaux-fortes originales de Ed. Rudaux. *Paris, L. Carteret*, 1902, pet. in-8, broché.

> Exemplaire imprimé sur papier de Hollande offert par l'éditeur à M. Manchon.

296. LA FAYETTE (Mme de). La princesse de Clèves ; préface par Anatole France. Un portrait et 12 compositions de Jules Garnier. gravés par A. Lamotte. *Paris, L. Conquet*, 1889, in-8, broché.

> Exemplaire (n° 5g) imprimé sur PAPIER DU JAPON, contenant un TIRAGE A PART de toutes les illustrations du texte et les figures hors texte en deux états : AVANT et avec la lettre.

297. LA FONTAINE. La Morale en action des fables de La Fontaine. Collection de vignettes, dessinées par Henry Monnier et gravées par Thompson. *Paris, chez les marchands de nouveautés*. *s. d.* (1828), in-8, dos et coins veau fauve, non rogné.

> Champfleury, pp. 385.
> Collection de 16 vignettes à mi-page, dont deux planches interdites par la censure : « *Le Lion devenu vieux* » et « *Le Rat qui s'est retiré du monde* ». Chaque planche est accompagnée de quelques vers ou d'une moralité des *Fables* de La Fontaine.

298. LAMARTINE (A. de). Méditations poétiques (et nouvelles

méditations poétiques). Compositions de H. Guinier, gravées à l'eau-forte par C. Coppier. *Imprimé aux frais de la Société des Amis des livres*. 1910. 2 vol., gr. in-8, brochés.

Tirage à 100 exemplaires.

299. LECONTE DE LISLE. Poésies complètes de Leconte de Lisle. Poèmes antiques, poèmes et poésies, poésies nouvelles. Avec une eau-forte dessinée et gravée par Louis Duveau. *Paris, Poulet-Malassis et de Broise, 1858,* in-12, broché.

Première édition collective en partie originale.

300. LECONTE DE LISLE. Poèmes antiques. *Paris, Société des Amis des Livres,* 1908, in-8, broché, étui.

Tirage unique à 110 exemplaires (no 35) imprimés sur papier vélin. Compositions de *Maurice Ray*, gravées à l'eau-forte par *Louis Muller*.

301. LECONTE DE LISLE. Les Erinnyies. Tragédie antique, illustrée des compositions et gravures à l'eau-forte de François Kupka. *Librairie de la Collection des dix, A. Romagnol, Paris,* 1908, gr. in-8, broché (*Couvert. illust.*).

Un des 190 exemplaires (no 115) sur papier d'Arches.

LIVRES ILLUSTRÉS PAR LEGRAND

302. BAUDELAIRE (Charles). Quinze histoires d'Edgar Poë. Illustrations de Louis Legrand. *Paris, imprimé pour les Amis des livres par Chamerot et Renouard.* 1897, gr. in-8, broché (*Couvert. illust.*).

Tiré à 115 exemplaires (no 64) sur papier vélin du Marais, contenant deux états des eaux-fortes : l'eau forte pure et l'état terminé.
On y a joint un portrait de Baudelaire, gravé par *Guéraud*.

303. LEGRAND (Louis). Cours de danse fin de siècle. Illustrations de Louis Legrand. *Paris, E. Dentu,* 1892, gr. in-8. broché (*Couvert. illust.*).

Un des 49 exemplaires (no 22) sur papier des manufactures impériales du Japon contenant : 1o un état des eaux-fortes avec croquis marginaux en 2 tons ; 2o les eaux-fortes, état ordinaire avant la lettre ; 3o le tirage hors texte des 30 fleurons, culs-de-lampes et lettres en couleurs ; 4o les eaux-fortes terminées.
On y a ajouté une troisième suite des eaux-fortes en premier état imprimées à la poupée.

304. **LEGRAND** (Louis). Le Livre d'heures de Louis Legrand. *Paris, Gustave Pellet,* 1898. Pet. in-4, broché (*Couvert. illust.*).

> Ouvrage tiré à 160 exemplaires numérotés (n° 41), contenant 13 eaux-fortes originales et 200 dessins dans le texte.
> On y a joint 4 pièces refusées et le prospectus de l'ouvrage.

305. **MAUCLAIR** (Camille). Louis Legrand, peintre et graveur. *Paris, H. Floury, G. Pellet, s. d.,* pet. in-4, broché (*Couvert. illust.*).

> Un des 100 exemplaires numérotés (n° 17), imprimés sur PAPIER DU JAPON et contenant deux épreuves en bistre de toutes les planches imprimées en taille-douce et en noir.

306. **MAUPASSANT** (Guy de). Cinq contes parisiens. Illustrations de Louis Legrand. *Paris, pour les Cent bibliophiles,* 1905, gr. in-8, broché (*Couvert. illust.*).

> Tirage à 130 exemplaires, sur papier de Chine fort, ornés de 6 eaux-fortes tirées en couleurs, hors texte, et de nombreuses eaux-fortes tirées en bistre dans le texte.

307. **RAMIRO** (E.). Louis Legrand peintre-graveur. Catalogue de son œuvre gravé et lithographié. *Paris, H. Floury,* 1896, gr. in-8, broché (*Couvert. illust.*).

> Un des 50 exemplaires (n° 13), tirés sur PAPIER DU JAPON, contenant deux états des eaux-fortes qui ornent l'ouvrage ; l'état avant la lettre renferme divers croquis importants sur le feuillet correspondant.
> L'édition entière a été tirée à 250 exemplaires.
> On joint une eau-forte en couleurs de Louis Legrand (Menu du dîner, donné à l'occasion de la nomination de Louis Legrand dans l'ordre de la Légion d'honneur, le 27 février 1907), 1 eau-forte noire (Invitation pour l'exposition de ses œuvres), 3 cartes d'invitation, un billet autographe de L. Legrand, 6 photographies ou simili-gravure d'œuvres de Legrand et le catalogue de l'exposition L. Legrand de 1904.

308. **RAMIRO** (E.) et Louis **LEGRAND**. Faune parisienne. *Paris, Gustave Pellet,* 1901, gr. in-8 carré, broché (*Couvert. illust.*).

> Ouvrage tiré à 130 exemplaires (n° 3), illustré d'eaux-fortes et de bois gravés par *Louis Legrand.*
> Cet exemplaire contient la double suite des 20 eaux-fortes, hors texte, en noir, en état non terminé. Les eaux-fortes, dans le texte, sont tirées en couleurs.

309. **LEMAITRE** (Jules). Dix contes. Illustrations de Luc-Olivier Merson, Georges Clairin. F.-H. Lucas, Cornillier, Lœvy, gravures sur bois de Leveillé. Ruffe, Dutheil. Couverture artistique en couleur dessinée par Grasset. *Paris, H. Lecène et H. Oudin,* 1890, gr. in-8, broché (*Couvert. illust.*).

> Un des 25 exemplaires (n° 2), imprimés sur PAPIER DE CHINE.

310. LEMAITRE (Jules). Sérénus. Histoire d'un martyr. *Paris, Société des Amis des livres,* 1905, gr. in-8, broché.

> Édition tirée à 115 exemplaires (n° 34) imprimés sur papier vélin fort, sous la direction de MM. Victor Mercier et Raymond-Claude Lafontaine. Compositions d'*Aug. Gorguet,* gravées sur bois par *Paillard.*

311. LEMONNIER (Camille). Le Mort. Illustrations en fac-simile de fusains de Constantin Meunier. *Paris, Société d'éditions d'art, le Livre et l'estampe, s. d.,* in-8, broché.

> Un des 284 exemplaires (n° 282) imprimés sur papier du Marais à la forme.

312. LEMONNIER (Camille). Les Maris de Mlle Nounouche ; histoire de chats. Soixante-cinq aquarelles de A. Vimar. *Paris, H. Floury,* 1906, pet. in-4, broché (*Couvert. illust.*).

> Un des 32 exemplaires (n° 32) imprimés sur PAPIER IMPÉRIAL DU JAPON ; contenant le TIRAGE A PART, en noir sur papier de Chine, de toutes les illustrations.
> Exemplaire orné de deux AQUARELLES ORIGINALES de A. VIMAR.

Livres illustrés par Lepère.

313. CATALOGUE des travaux exposés par Auguste Lepère au Salon de la Société nationale des Beaux-Arts, en 1908. Préface de Roger Marx. *Paris, chez André Marty,* 1908, in-8. broché.

> Tiré à 150 exemplaires : celui-ci est un des 50 exemplaires (n° 30) imprimés sur PAPIER DU JAPON ANCIEN ; contenant un tirage AVANT la lettre avec remarque de l'eau-forte et de la lithographie.
> On y a joint le prospectus de l'ouvrage et le catalogue de l'exposition des Œuvres de Lepère, faite en décembre 1909, chez Sagot.

314. ERASME. Éloge de la folie, augmenté de la préface d'Erasme adressée à Thomas Morus son ami. Notice de Gabriel Hanotaux. Quarante-six compositions gravées sur bois par Auguste Lepère. *Pour les Amis des livres. Paris,* 1906, gr. in-8, en feuilles, dans le carton de l'éditeur.

> Belle publication tirée à 137 exemplaires (n° 34) et ornée de bois gravés en diverses couleurs.

315. GOUDEAU (Émile). Paysages parisiens ; heures et saisons. Illustrations composées et gravées sur bois à l'eau-forte par Auguste Lepère. *Paris, imprimé pour Henri Béraldi,* 1892, gr. in-8,

dos et coins mar. brun, tête dor., non rogné, couverture
[*Allö*].

> Tirage à 138 exemplaires (nº 125) imprimés sur papier vélin du
> Marais.
> On y a joint une épreuve du frontispice à l'état d'eau-forte retou-
> chée au crayon Conté par l'artiste.

316. HANOTAUX (Gabriel) et VICAIRE (Georges). La Jeunesse
de Balzac. Balzac imprimeur, 1825-1828, avec trois estampes et
deux portraits gravés sur bois par A. Lepère. *Paris, A. Ferroud,*
1903. in-8 carré, broché.

> Papier vélin d'Arches.

317. HUYSMANS (J.-K.). La Bièvre, les Gobelins, Saint-Severin.
Paris. Société de propagation des livres d'art, 1901, gr. in-8,
figures, broché.

> Tirage spécial à 75 exemplaires sur PAPIER DE CHINE, pour la librairie
> Conquet, L. Carteret et Cᵉ.
> Exemplaire nº 27.
> Ouvrage orné de 4 eaux-fortes et 30 gravures sur bois par *A. Lepère.*
> On y a joint la suite intitulée : « Dix eaux-fortes sur la Bièvre et le
> quartier Saint-Séverin, pour compléter mes illustrations du livre de
> J.-K. Huysmans », par A. Lepère. Cette suite comprend 12 eaux-
> fortes, 2 ayant été ajoutées. Elle est accompagnée de 4 pages impri-
> mées (une présentation et une table), ornées d'un en-tête, de lettres,
> de fleurons et de culs-de-lampe gravés sur bois par *A. Lepère.*
> Exemplaire nº 54, des 30 sur Hollande, imprimé pour M. Léon Man-
> chon.

318. HUYSMANS (J.-K.). A rebours. Deux cent vingt gravures
sur bois en couleurs par Auguste Lepère. *Pour les Cent Bibliophiles. Paris.* 1903, in-8, en feuilles, dans un carton.

> Édition tirée à 130 exemplaires (nº 68).
> Un des livres modernes illustrés les plus recherchés.

319. L'HOPITAL (Joseph). Foires et marchés normands, notes
et fantaisies. Croquis d'après nature dessinés et gravés sur cuivre
et sur bois par Auguste Lepère. *Aux dépens de la Société normande du livre illustré,* 1898, in-8, broché.

> Tirage unique à 140 exemplaires (nº 58) imprimés sur papier vélin
> d'Arches.

320. MAUPASSANT (Guy de). Deux contes. Le Vieux. La Fi-
celle. Quatre-vingt-quatre petites compositions dessinées et gravées sur bois par Auguste Lepère. *Aux dépens de la Société normande du livre illustré. Paris,* 1907, in-8, en feuilles, dans un
carton.

> Exemplaire nº 65 d'un ouvrage tiré à 120 exemplaires.

321. MONTORGUEIL (Georges). Paris au hasard. Illustrations composées et gravées sur bois par Auguste Lepère. *Paris, imprimé pour Henri Béraldi*, 1895, pet. in-8, broché.

Tirage unique à 138 exemplaires (n° 6:.) imprimés sur papier vélin de cuve.

322. MORIN (Louis). Les Dimanches parisiens. Notes d'un décadent. Quarante et une eaux-fortes originales de A. Lepère. *Paris. Librairie L. Conquet*, 1898, gr. in-8, broché.

Tirage unique à 150 exemplaires (n° 65), sur papier vélin du Marais.

323. NANTES EN DIX-NEUF CENT. Cinquante-neuf gravures sur cuivre et sur bois dessinées, gravées, imprimées par Auguste Lepère. Préface de Roger Marx. *Nantes, Émile Grimaud et fils*, 1900, in-8, broché.

Tirage unique à 220 exemplaires (n° 178) imprimés sur papier vélin.
On y a joint 2 exemplaires du prospectus de l'ouvrage.

324. RICHEPIN (Jean). Paysages et coins de rues. Illustrations en couleurs dessinées et gravées sur bois par Auguste Lepère. Préface de Georges Vicaire. *Paris. Librairie de la Collection des dix*, 1900, in-8, broché (*Couvert. illust.*).

Exemplaire sur papier vélin de cuve.
On y a joint le prospectus de l'ouvrage.

325. RICHEPIN (Jean). Paysages et coins de rues. Illustrations en couleurs dessinées et gravées sur bois par Auguste Lepère. Préface de Georges Vicaire. *Paris. Librairie de la Collection des dix*. 1900, in-8, broché (*Couvert. illust.*).

Un des 25 exemplaires (n° 48) imprimés sur PAPIER DE CHINE ; contenant un TIRAGE A PART sur Chine de toutes les illustrations.
On y a joint le prospectus de l'ouvrage, tiré sur Chine également.

---

326. LÉONNEC (Paul). Patara et Bredindin. Aventures et mésaventures des deux gabiers en bordée, par E.-P., ex-fourrier du Suffren ; précédées d'une préface de l'éditeur ; illustrées de 150 croquis à la plume par Paul Léonnec. *Paris. Léon Vanier*, 1884, in-8, broché.

Exemplaire (n° 72) imprimé sur PAPIER DE HOLLANDE, enrichi d'une AQUARELLE ORIGINALE de PAUL LÉONNEC sur le faux-titre.

327. LE ROUX (Hugues). 1892. Calendrier parisien. Treize lithographies par Dillon. *Paris. L. Conquet.* 1892, in-16, broché.

> Exemplaire non mis dans le commerce offert par l'éditeur à **M.** Manchon ; il contient les figures en deux états: AVANT la lettre sur Chine et avec la lettre sur Japon.

328. LE SAGE. Histoire de Gil Blas de Santillane, par Le Sage. Vignettes par Jean Gigoux. *Paris, chez Paulin,* 1835, 2 vol. in-8, dos et coins mar. grenat à longs grains, fil., dos orné, tête dor. (*Champs*).

> PREMIER TIRAGE.

329. LE SAGE. Suite de vingt et une estampes pour servir à l'illustration de l'ouvrage : Histoire de Gil Blas par Le Sage, dessinées et gravées à l'eau-forte par Ad. Lalauze. *Paris. Edouard Rouveyre, s. d.,* in-4, en feuilles dans un carton.

> Épreuves AVANT la lettre, imprimées sur PAPIER DU JAPON.

330. LE SAGE. Le Diable boiteux par Le Sage, illustré par Tony Johannot. Précédé d'une notice sur Le Sage par **M.** Jules Janin. *Paris. Ernest Bourdin et Cie,* 1840, gr. in-8, demi-rel. veau rouge, fil., dos orné, tête dor., non rogné (*Rel. de l'époque*).

> PREMIER TIRAGE.
> Exemplaire contenant le premier plat de la couverture illustrée.

331. LE SAGE. Lazarille de Tormès, traduit par L. Viardot, illustré par Meissonier. *Paris, J. Dubochet,* 1846, in-8, dos et coins cartonn. toile bleue (*Couvert.*).

> PREMIER TIRAGE des illustrations de *Meissonier.*
> Extrait du *Gil Blas de Santillane.* Paris, Dubochet, 1846.

332. L'IMAGE. Revue artistique et littéraire ornée de figures sur bois. *Paris. H. Floury,* 1896-1897, 12 fascicules reliés en un vol. in-4, cartonn. de l'éditeur, étoffe, non rogné.

> Un des 100 exemplaires (n° 61) imprimés sur PAPIER DE CHINE ; contenant le TIRAGE A PART de toutes les illustrations et 12 fumés de planches importantes parues dans le texte.

333. LIREUX (Auguste). Assemblée nationale comique. Illustré par Cham. *Paris, Michel Lévy frères,* 1850, gr. in-8, cartonn. toile bleue, fers spéciaux, tr. dor. (*Rel. des éditeurs*).

> PREMIER TIRAGE.
> Ouvrage orné de 20 planches hors texte, gravées sur bois.

334. LIVRE DE PRIÈRES illustré à l'aide des ornements des manuscrits du moyen-âge, publié par B. Charles Mathieu. No-

tice historique et texte explicatif par Ferdinand Denis et Ch.
Mathieu. *Paris, chez l'auteur*, 1862, 2 vol. in-12. mar. vert,
jans., dent. int., tête dor.

> Le premier volume, qui renferme les prières, est orné d'encadrements
> et de miniatures du huitième au quinzième siècle reproduits par la chro-
> mo-lithographie. Le second volume renferme la notice historique de
> Ferdinand Denis.
> Eraflure à la reliure du tome II.

335. LIVRE (Le) des Têtes de bois. *Paris, G. Charpentier*, 1883.
in-8, figures, broché (*Couvert. illust.*).

> Un des 50 exemplaires (n° 60) tirés sur PAPIER DE HOLLANDE auquel
> on a ajouté une seconde suite, sur Japon, des illustrations.
> Ouvrage tiré à 500 exemplaires, contenant 13 dessins en fac-simile et
> 16 eaux-fortes.

336. LONGUS. Daphnis et Chloé. Traduction P.-L. Courier.
Compositions dessinées et gravées à l'eau-forte par P. Avril.
Paris, L. Conquet, 1898, in-16. broché.

> Exemplaire imprimé sur papier vélin offert à M. Manchon par Ma-
> dame L. Conquet.

337. LORRAIN (Jean). Narkiss. Dessins de O.-D.-V. Guillonnet.
gravés par H. Lesueur. Préface de J. Doucet. *Paris. Édition du
Monument*, 1908, in-8, broché (*Couvert. illust.*).

> Tirage à 300 exemplaires.
> Celui-ci est un des 225 exemplaires (n° 131) imprimés sur papier vé-
> lin d'Arches.

338. LOTI (Pierre). Pêcheur d'Islande. Roman par Pierre Loti.
Paris, Calmann-Lévy, 1886, in-8, mar. vert, fil., dos orné, large
dent. int., tête dor., ébarbé (*Couvert. et dos conserv.*).

> EDITION ORIGINALE.
> Un des exemplaires (n° 27) imprimés sur papier de Hollande conte-
> nant les illustrations de *Jazel* en plusieurs états (3, 4, 5, 6, et 7) dont
> l'eau-forte pure.

339. LOTI (Pierre). La Chanson des vieux époux. Aquarelles d'a-
près Henry Somm. *Paris, L. Conquet*, 1899, in-16. broché (*Couvert. illust.*).

> Tiré à 300 exemplaires sur PAPIER DU JAPON, non mis dans le com-
> merce ; celui-ci a été offert par l'éditeur à M. Manchon.

340. LOUYS (Pierre). La Femme et le pantin. Roman espagnol
orné d'une reproduction en héliogravure du Pantin de Goya.
Paris, Mercure de France, 1898, in-8. broché.

> EDITION ORIGINALE.

341. LOUYS (Pierre). Les trois Roses de Marie-Anne. Illustrations et gravures à l'eau-forte par Léon Lebègue. *Paris, F. Ferroud,* 1909, pet. in-8, broché.

> Exemplaire (n° 132) imprimé sur papier de Hollande.

342. LURINE (Louis). Histoire de Napoléon racontée aux enfants petits et grands. Illustrée de 80 dessins de Markl, gravés par Brugnot. *Paris. G. Kugelmann,* 1844, in-12, broché.

> Ouvrage orné de 24 planches hors texte gravées sur bois.
> La couverture est très fraîche.

343. MAINDRON (Ernest). Les Affiches illustrées (1886-1895). *Paris, Boudet,* 1896, — Les Affiches étrangères illustrées. *Ibid., Id.,* 1897. — Ens. 2 vol. gr. in-8, brochés (*Couvert. illust.*).

> Nombreuses illustrations dans le texte et hors texte, en noir et en couleurs.

344. MAITRES DE L'AFFICHE (Les). Publication mensuelle, contenant la reproduction en couleurs des plus belles affiches illustrées des grands artistes français et étrangers. De l'origine, Décembre 1895 à Novembre 1900 inclus. *Paris,* 1895-1900, 60 livraisons in-fol.

345. MALLARMÉ (Stéphane). Pages. Avec un frontispice à l'eau-forte par Renoir. *A Bruxelles, chez Edmond Deman,* 1891, in-4, broché.

> Un des 50 exemplaires (n° 40) imprimés sur PAPIER DU JAPON ; frontispice en deux états.

346. MARBOT (Général Baron de). Austerlitz. Vingt et une aquarelles originales de Alex. Lunois, gravées en couleurs au repérage par Léon Boisson. *Paris, L. Carteret,* 1905, gr. in-8, broché (*Couvert. illust.*).

> Tirage unique à 200 exemplaires (n° 103) imprimés sur papier vélin à la forme.

347. MARX (Roger). La Loïe Fuller. Estampes modelées de Pierre Roche. *S. l. n. d. (Imprimé à Evreux par Charles Hérissey,* 1904), in-8 carré, broché, étui (*Couvert. illust.*).

> Edition tirée à 130 exemplaires (n° 66).

348. MAUCLAIR (Camille). Trois Femmes de Flandre. Illustrations de H. Cassiers. *Paris, l'Edition d'art, II. Piazza, s. d.,* in-8 carré, broché (*Couvert. illust*).

> Un des 260 exemplaires (n° 205) imprimés sur papier vélin à la cuve.

349. MAUCLAIR (Camille). Ames bretonnes. Trois contes illustrés par J. Wély. *Paris, l'Edition d'art, H. Piazza et C*ie*, s. d.,*
in-8 carré, broché (*Couvert. illust.*).

> Un des 260 exemplaires (n° 82) imprimés sur papier vélin à la
> cuve.

350. MAUCLAIR (Camille). Les Camelots de la pensée. Bois en
couleurs de Maurice Delcourt. *Paris, les Cent bibliophiles,* 1902,
in-8, broché (*Couvert. illust.*).

> Tirage à 130 exemplaires (n° 66) imprimés sur papier Whatman.

351. MAUPASSANT (Guy de). Contes choisis. Illustrés de
118 dessins de G. Jeanniot. *Paris, Librairie illustrée, s. d.,* in-8,
broché (*Couvert. illust.*).

> Un des 24 exemplaires (n° 42) imprimés sur papier de Chine.

352. MAUPASSANT (Guy de). Le Rosier de Madame Husson.
Illustrations par Habert Dys. Eaux-fortes de E. Abot, d'après
Desprès. *Paris, Quantin,* 1888, pet. in-8 carré, broché (*Cou-
vert. illust.*).

> Exemplaire imprimé sur papier vélin du Marais.

353. MAUPASSANT (Guy de). Contes choisis. *Paris, imprimé
pour la Société des Bibliophiles contemporains* (Académie des
beaux livres), 1891-1892, 10 fascicules gr. in-8, brochés.

> Le Loup. Eaux-fortes par *E. van Muyden.* — Le Champ d'oliviers.
> Illustr. par *P. Gervais.* — Mademoiselle Fifi. Illustr. par *A. Gerardin*
> et *Charles Morel.* — Une partie de campagne. — Hautot père et fils.
> Illustr. par *Georges Jeanniot.* — Allouma. Illustr. par *P. Avril.* —
> Mouche. Illustr. par *F. Gueldry.* — La Maison Tellier. Illustr. par
> *P. Vidal.* — Un Soir. Illustr. par *Georges Scott.* — L'Epave.
> On a ajouté :
> 1° un titre en couleur par *Henri Boutet* pour *Une partie de campagne.*
> 2° la gravure en couleur pour *Mademoiselle Fifi.*
> 3° une suite de 6 lithographies d'*Alex. Lunois,* tirées sur Japon ancien
> pour *L'Epave.*
> Le titre général et la couverture collective ne se trouvent pas à cet
> exemplaire.

354. MAUPASSANT (Guy de). Le Vagabond. Lithographies en
couleurs par Steinlen. *Imprimé aux frais de la Société des Amis
des livres,* 1902, pet. in-4, broché (*Couvert. illust.*).

> Edition tirée à 115 exemplaires seulement.
> Exemplaire n° 61.

355 MAUPASSANT (Guy de). La petite Roque. Vingt-trois eaux-

fortes originales de Alexandre Lunois. *Paris, L. Carteret,* 1907, gr. in-8, broché.

> Exemplaire (n° 19) de grand luxe sur vélin à la forme et réimposé ; il contient un TIRAGE A PART de toutes les eaux-fortes avec remarques sur papier vélin.
> On y a ajouté les EAUX-FORTES PURES SUR PAPIER DU JAPON. — Collection tirée à 30 exemplaires.

356. MAUPASSANT (Guy de). L'Héritage. Vingt et une compositions originales de Maurice Eliot, gravées à l'eau-forte par L. Ruet. *Paris, L. Carteret,* 1907, gr. in-8, broché.

> Un des 75 exemplaires de grand luxe sur JAPON A LA FORME (n° 53), contenant un TIRAGE A PART de toutes les illustrations.
> Le tirage entier a été fait à 300 exemplaires.

357. MAUPASSANT (Guy de). Ce cochon de Morin. Aquarelles originales de Henriot, gravées en couleurs typographiques. *Paris. L. Carteret.* 1909, gr. in-8, en feuilles, dans un carton illustr.

> Un des 300 exemplaires (n° 47) sur papier du Japon, d'une édition tirée à 325 exemplaires.

358. MEILHAC (Henri). Contes parisiens du second empire (1866). Eaux-fortes de Pierre Vidal. *Paris. imprimé pour les Amis des livres.* 1904, gr. in-8, broché.

> Tiré à 125 exemplaires sur papier vélin (Ex. n° 8).

359. MENZEL (Adolphe). Illustrations des œuvres de Frédéric Le Grand par Adolphe Menzel. Préface et notice par Louis Gonse. Texte explicatif par L. Pietsch, gravures sur bois par Vogel, Fr. Unzelmann et H. Muller. *Paris, Fetscherin et Chuit, s. d..* 2 vol. in-4, en feuilles dans des cartons.

> Exemplaire imprimé sur PAPIER DU JAPON.

360. MÉRIMÉE (Prosper). La Guzla ou choix de poésies illyriques recueillies dans la Dalmatie, la Bosnie, la Croatie et l'Herzégowine (par Prosper Mérimée). *A Paris. chez F.-G. Levrault.* 1827, in-18, cartonn. de l'éditeur.

> EDITION ORIGINALE, ornée d'une lithographie.
> Exemplaire de la plus grande fraicheur.

361. MÉRIMÉE (Prosper). Notes d'un voyage en Auvergne. *Paris. H. Fournier.* 1838, in-8, carton., demi-toile grise, non rogné.

> EDITION ORIGINALE.
> La planche « Plan et coupe de l'église de Conques » manque.

362. MÉRIMÉE (Prosper). Notes d'un voyage en Corse. *Paris, Fournier jeune,* 1840, in-8, broché (*Couvert.*).

> ÉDITION ORIGINALE ornée de 11 planches lithographiées hors texte. Exemplaire en feuilles, préparé pour la reliure et contenant la couverture.

363. MÉRIMÉE (Prosper). La Chambre bleue, nouvelle dédiée à Mme de La Rhune. *Biarritz, septembre* 1866, pet. in-8, mar. bleu, jans., dent. int., tr. dor. (*Amand*).

> Copie manuscrite de cette nouvelle entièrement de la main de M. Ph. Burty lequel a placé la note ci-après au dernier feuillet : « Cette nouvelle occupe les 45 premiers feuillets d'un carnet souple, relié en cuir noir doré sur tranches, acheté à la papeterie Maquet, rue de la Bourse. Le reste est laissé en blanc. J'ai scrupuleusement tenu compte de l'orthographe et de la ponctuation. »
> Une aquarelle en guise de cul-de-lampe orne la fin de cette copie manuscrite ; elle représente la mule « de Madame Daumont » couleur bleu tendre, avec le talon rouge vif et les bouffettes amarante.
> On y a joint un fumé de la gravure de mule de « Madame Daumont ».

364. MÉRIMÉE (Prosper). La Chambre bleue. Nouvelle dédiée à Madame de La Rhune. Une couverture illustrée et soixante et une aquarelles d'après Eug. Courboin. *Paris. L. Conquet,* 1902, gr. in-8, broché (*Couvert. illust.*).

> Tirage à 300 exemplaires.
> Celui-ci est un des 250 (n° 115) imprimés sur papier Whatman.

365. MÉRIMÉE (Prosper). Colomba. Illustrations de Gaston Vuillier. *Paris, Calmann-Lévy,* 1897, pet. in-8, broché (*Couvert. illust.*).

> Un des 100 exemplaires (n° 11) imprimés sur PAPIER DE CHINE ; illustrations gravées sur bois.

366. MÉRIMÉE (Prosper). Carmen. Introduction de Maurice Tourneux. Illustrations de Alexandre Lunois. *Paris, pour les Cent Bibliophiles,* 1901, in-8 carré, broché.

> Tirage à 125 exemplaires (n° 65) contenant la suite complète, en TIRAGE A PART, des 170 lithographies d'*Alexandre Lunois*.

367. MÉRIMÉE (Prosper). La double Méprise. Aquarelles originales par Bertrand, imprimées en couleurs. *Paris, L. Conquet,* 1902. gr. in-8, broché.

> Tirage unique à 150 exemplaires (n° 50) imprimés sur papier vélin du Marais.

368. MÉRIMÉE (Prosper). Colomba, soixante-trois compositions originales de Daniel Vierge, gravées sur bois par Noël et Pail-

lard. Préface de Maurice Tourneux. *Paris, L. Conquet, L. Carteret,* 1904, gr. in-8, broché (*Couvert. illust.*).

> Tirage à 3oo exemplaires.
> Celui-ci est un des 100 (n° 44) imprimés sur PAPIER ANCIEN DU JAPON contenant UN TIRAGE A PART de toutes les illustrations.

369. MÉRIMÉE (Prosper). Mateo Falcone. Préface de Maurice Tourneux. Compositions d'Alexandre Lunois, gravées sur bois. *Paris, L. Conquet. L. Carteret et Cie,* 1906, gr. in-8, broché.

> Tirage unique à 25o exemplaires (n° 32) imprimés sur papier vélin blanc. Cet exemplaire contient le TIRAGE A PART sur Chine de toutes les illustrations.

370. MICHELET (J.). L'Oiseau. Huitième édition illustrée de 210 vignettes sur bois, dessinées par H. Giacomelli. *Paris, Hachette et Cie,* 1867, gr. in-8, broché.

> PREMIER TIRAGE.
> Un des 200 exemplaires avec filets rouges encadrant le texte.

371. MICHELET (J.). L'Insecte. Nouvelle édition illustrée de 140 vignettes sur bois, dessinées par H. Giacomelli. *Paris, Hachette et Cie.* 1876, gr. in-8, broché.

> PREMIER TIRAGE.

372. MICHELET (J.). Thérèse et Marianne. Souvenirs de jeunesse : onze eaux-fortes originales de V. Foulquier. *Paris, L. Conquet.* 1891. in-12, broché.

> Un des 75 exemplaires (n° 67) imprimés sur PAPIER DU JAPON, contenant les illustrations en deux états : AVANT et avec la lettre.

373. MILLAUD (Albert). La Comédie du jour sous la république athénienne. Illustrations par Caran d'Ache. *Paris, Plon.* 1887. — Physiologies parisiennes. Illustrations par Caran d'Ache, Job et Trick. *Paris, Librairie illustrée, s. d.* — Ens. 2 vol. gr. in-8, brochés. (*Couvert. illust.*).

374. MIRBEAU (Octave). Dans l'antichambre (Histoire d'une minute). Illustrations et gravures d'Edgar Chahine. *Paris, A. Romagnol. s. d.* (1905), gr. in-8, broché (*Couvert. illust.*).

> Publication de l'Académie des Goncourt.
> Un des 20 exemplaires (n° 16) imprimés sur PAPIER VÉLIN D'ARCHES contenant les planches en trois états dont l'EAU FORTE PURE.
> On a ajouté à l'exemplaire, deux planches refusées, en deux états sur Japon, dont l'eau-forte.

375. MISTRAL (Frédéric). Mireille, poème provençal, par Frédéric Mistral. Traduction française de l'auteur, accompagnée du

texte original, avec 25 eaux-fortes dessinées et gravées par E. Burnand et 53 dessins du même artiste. *Paris, Hachette et Cie*, 1884, in-4, dos et coins chag. bleu, fil., dos orné, tête dor.

> Les eaux-fortes hors texte sont tirées sur papier de Hollande.
> On y a ajouté une eau-forte supplémentaire.

376. MISTRAL (Frédéric). Les Secrets des bestes, par Frédéric Mistral, avec trente compositions de A. Robida. *Paris, Henry Floury*, 1896, in-4, broché (*Couvert. illust.*).

> Un des 50 exemplaires (n° 21) imprimés sur PAPIER DU JAPON.

377. MOLIÈRE. Œuvres de Molière, précédées d'une notice sur sa vie et ses ouvrages, par M. Sainte-Beuve. Vignettes par Tony Johannot. *Paris, chez Paulin*, 1835-1836, 2 vol. gr. in-8, demi-rel. veau vert, ébarbés (*Rel. de l'époque*).

> PREMIER TIRAGE.
> Portrait de Molière et nombreuses vignettes gravées sur bois par *Maurisset, Andrew, Best, Leloir, Cherrier*, etc.

378. MOLIÈRE. Œuvres complètes de Molière, revues sur les textes originaux par Adolphe Regnier. *Paris, Imprimerie nationale*, 1878, 5 vol. in-4, dos et coins mar. olive, fil., dos orné (*Couvert.*).

> Exemplaire auquel on a ajouté la suite des 36 figures dessinées et gravées à l'eau-forte par *Edmond Hédouin* (Paris, Damascène Morgand, 1888) en deux états : épreuves AVANT la lettre SANS LE CADRE, épreuves terminées avec la lettre et le cadre.
> Les épreuves avant la lettre sont signées à la mine de plomb par le graveur.

379. MOLIÈRE. Suite de 3 portraits (Molière, Boucher et Laurent Cars), de 2 vignettes et de 33 estampes pour les Œuvres, composées par F. Boucher, réduites et gravées à l'eau-forte par T. de Mare. *Paris, Lefilleul*, 1881, in-4, en feuilles.

> Épreuves AVANT la lettre sur papier vergé.
> On y joint : un portrait et 6 estampes d'après *Coypel*, gravées à l'eau-forte ; épreuves avant la lettre sur papier vergé.

380. MONNIER (Henry). Scènes populaires dessinées à la plume par Henry Monnier. Deuxième édition augmentée de deux scènes et de deux vignettes. *Paris, Levasseur*, 1831, in-8, demi-rel. mar. vert, dos orné, tr. marb. (*Rel. de l'époque*).

> Édition ornée de 6 vignettes lithographiées.

381. MONNIER (Henry). Les Bas-fonds de la société, par Henry

Monnier. *Paris, Jules Claye,* 1862, in-8, vélin blanc, fil., non rogné (*Cartonn. de l'éditeur*).

> Édition originale tirée à 200 exemplaires non mis dans le commerce. Frontispice de *Chauvet*, tiré sur Chine.
> On y a ajouté un frontispice de *F. Rops* sur Chine en deux états: bistre et sanguine.
> Exemplaire (nᵒ 5) de Jules Claye, l'éditeur du livre, avec son ex-libris.

382. MONTÉGUT (Maurice). Trois filles et trois garçons. Dessins de Louis Morin. *Paris, Henri Floury,* 1899, in-4, broché (*Couvert. illust.*).

> Un des 50 exemplaires (nᵒ 47) imprimés sur papier impérial du Japon.
> Illustrations en couleurs.

383. MONTESQUIEU. Œuvres complètes, précédées de son éloge par d'Alembert. Nouvelle édition mise en ordre et collationnée sur les textes originaux par J. Ravenel. *Paris, L. de Bure,* 1834, in-8 à 2 col., veau rose, encad. de 4 filets dor. et d'une petite dent. à froid, angles et milieux ornés, dos orné, dent. int., tr. dor. (*Simier*).

> Bonne reliure de Simier, tachée d'encre sur le dos.

384. MONTESQUIEU. Lettres persanes, publiées en deux volumes, avec une préface par M. Tourneux. Dessins d'Ed. de Beaumont, gravés à l'eau-forte par Boilvin. *Paris, Librairie des bibliophiles,* 1886, 2 tomes en 1 vol. mar. bleu, large dent. à petits fers, xviiiᵉ siècle, dos orné, dent int., tr. dor., couvert. (*Chambolle-Duru*).

> Un des 170 exemplaires (nᵒ 129) imprimés sur papier de Hollande, contenant les figures en deux états: avant et avec la lettre.

385. MONTORGUEIL (Georges). La Vie des boulevards. Madeleine-Bastille. 200 dessins en couleurs par Pierre Vidal. *Paris, Quantin,* 1896, gr. in-8, broché.

> Un des 100 exemplaires (nᵒ 50) imprimés sur papier du Japon, contenant la couverture en deux états.

386. MONTORGUEIL (Georges). La Parisienne peinte par elle-même. Vingt et une pointes sèches tirées hors texte et quarante et une compositions par Henri Somm. *Paris, L. Conquet,* 1897, in-8, broché.

> Tirage unique à 150 exemplaires (nᵒ 90) imprimés sur papier de Hollande.
> On a joint à cet exemplaire, le tirage avant la lettre, avec remarques, sur papier de Holalnde, des vingt et une pointes sèches ; et le tirage a part, sur papier de Chine, des 41 compositions du texte.

387. MONTORGUEIL (Georges). La Vie à Montmartre. Illustrations de Pierre Vidal. *Paris, G. Boudet, s. d.*, 1899, gr. in-8, broché (*Couvert. illust.*).

> Un des 25 exemplaires (n° 5) imprimés sur PAPIER IMPÉRIAL DU JAPON ; contenant le TIRAGE A PART, sur PAPIER DE CHINE, de toutes les illustrations.

388. MONUMENT DU COSTUME. Les 24 estampes dessinées par Moreau Le Jeune en 1776-1783, pour servir à l'histoire des modes et du costume dans le xviiie siècle, gravées au burin par Dubouchet. *Paris, L. Conquet*, 1880-1881. — Les 12 estampes dessinées par Freudeberg, en 1774. *Ibid., id.*, 1883. — Ens. 2 vol. in-8 de texte et albums in-4 de planches, en feuilles, dans des cartons.

> Un des 25 exemplaires du troisième état imprimés sur papier de Hollande ; contenant les épreuves terminées, avec le nom du graveur à la pointe sèche.

389. MOREAU (Hégésippe). Le Myosotis. Petits contes et petits vers. Nouvelle édition illustrée de 134 compositions de Robaudi, gravées sur bois par Clément Bellenger. Préface par André Theuriet. *Paris, Librairie L. Conquet*, 1893, gr. in-8, broché (*Couvert. illust.*).

> Exemplaire (n° 55) tiré sur PAPIER DE CHINE, contenant un TIRAGE A PART de tous les bois.

390. MORIN (Louis). Le Cabaret du Puits-sans-vin. Dessins de l'auteur. *Paris, Charles Delagrave, s. d.*, pet. in-4, broché (*Couvert. illust.*).

> Exemplaire imprimé sur PAPIER DE CHINE ; orné, sur le faux-titre, d'une AQUARELLE ORIGINALE de *Louis Morin*.
> On y a joint une affiche de la publication et l'ex-libris de Louis Morin, tiré sur papier du Japon.

391. MORIN (Louis). Carnavals parisiens. *Paris, Montgredien et Cie, s. d.*, in-12, en feuilles (*Couvert. illust.*).

> Un des 100 exemplaires (n° 107) imprimés sur PAPIER DU JAPON.

392. MORIN (Louis). Histoires d'autrefois. Les Amours de Gilles. 178 dessins de l'auteur. *Paris, Ernest Kolb, s. d.*, pet. in-8, broché (*Couvert. illust.*)

> Un des 30 exemplaires (n° 15) imprimés sur PAPIER DE CHINE ; orné de deux DESSINS ORIGINAUX de *Louis Morin*.

393. MORIN (Louis). L'Enfant prodigue. 90 dessins de l'auteur.

Préface de Maurice Montégut. *Paris, Ch. Delagrave, s. d.*, pet. in-4, broché (*Couvert. illust.*).

Un des 15 exemplaires (n° 6) imprimés sur PAPIER DU JAPON ; réservés pour M. L. Carteret.

394. MORIN (Louis). Vieille Idylle. Douze pointes sèches et vingt ornements typographiques par l'auteur. *Paris, L. Conquet,* 1891, in-16, broché (*Couvert. illust.*).

Exemplaire imprimé sur papier vélin, non mis dans le commerce, offert par l'éditeur à M. Manchon ; il est orné sur le faux-titre d'une AQUARELLE ORIGINALE de *Louis Morin*.

395. MORIN (Louis). Les Cousettes, physiologie des couturières de Paris. Vingt et une compositions dessinées et gravées à la pointe sèche par Henry Somm. *Paris, L. Conquet,* 1895, in-8, broché.

Edition tirée à 100 exemplaires (n° 78) imprimés sur PAPIER DU JAPON.

396. MORIN (Louis). Revue des quat'saisons (année 1900). *Paris. Paul Ollendorff,* 1900, 4 vol. in-16, brochés (*Couvert. illust.*),

Un des 50 exemplaires (n° 20) imprimés sur PAPIER VÉLIN, contenant un TIRAGE A PART, sur papier de Chine, de toutes les illustrations.

397. MOUREY (Gabriel). Fêtes foraines de Paris. Gravures d'Edgar Chahine. *Paris (Pour les Cent bibliophiles),* 1906. in-8 carré, en feuilles dans un carton.

Tirage de 130 exemplaires (n° 66).

398. MOUTON (Eugène). [Mérinos] Histoire de l'invalide à la tête de bois. Le Squelette homogène. Le Bœuf. Le Coq du clocher. Illustrations de G. Clairin. *Paris. Ludovic Baschet, s. d.,* très gr. in-8. broché (*Couvert. illust.*).

399. MULLER (Eugène). La Mionette. 28 compositions de O. Cortazzo, gravées à l'eau-forte par Abot et Clapès. *Paris, L. Conquet.* 1885, pet. in-8, broché.

Exemplaire (n° 36) imprimé sur PAPIER DU JAPON ; contenant les illustrations en deux états : AVANT et avec la lettre.

400. MURGER (Henry). Scènes de la vie de Bohême. Compositions de Charles Léandre, gravées en couleurs par Eug. Decisy. *Paris, A. Romagnol,* 1902, gr. in-8, broché.

Un des 200 exemplaires (n° 145) imprimés sur papier vélin d'Arches contenant l'état terminé avec lettre de toutes les illustrations et la décomposition des couleurs d'une planche. On y a joint le prospectus de l'ouvrage.

401. MUSEE DE LA RÉVOLUTION. Histoire chronologique de la Révolution française, collection de sujets dessinés par Raffet, et gravés sur acier par Frilley, destinée à servir de complément et d'illustration à toutes les histoires de la Révolution (Thiers, Montgaillard, Mignet, Lacretelle, etc.). *Paris, Perrotin*, 1834, in-8, demi-rel. veau rouge, dos orné, tr. marb. (*Rel. de l'époque*).

> Ouvrage orné de 45 planches hors texte dessinées par *Raffet, Alfred et Tony Johannot*, gravées par *Frilley, Dutillois, Pigeot, Beyer, Gaille*, etc., tirées sur papier de Chine.
> Les 15 premiers feuillets de texte : *Ephemerides*, sont ornés en tête d'une vignette sur bois.

402. MUSÉE OU MAGASIN COMIQUE de Philipon. Contenant près de 800 dessins par MM. Cham de N....., Daumier, Dollet, Eustache, Forest, Gavarni, Grandville, E. Lami, etc., textes par MM. Bourget, P. Borel, Cham, L. Huart, Lorentz, Marco Saint-Hilaire et Ch. Philipon. *Paris, chez Aubert et Cⁱᵉ, s. d.*, [1842-1843], 2 tomes en 1 vol. gr. in-4, dos et coins chag. rouge.

> Collection complète des 48 livraisons renfermant de nombreuses illustrations dans le texte, gravées sur bois.

403. MUSSET (Alfred de). OEuvres. *Paris, Alphonse Lemerre*, 1876, 10 vol. in-12, mar. bleu, fil. à froid, large dent. int., tête dor.

> Un des 110 exemplaires (n° 67) imprimés sur papier Whatman ; contenant le frontispice dessiné et gravé par *Félicien Rops* et la suite des 42 eaux-fortes d'*Henri Pille*, gravées par *Louis Monziès*, tirées sur papier de Chine.
> On y a joint : Biographie de Alfred de Musset. *Paris, Alphonse Lemerre*, 1877, in-12, même reliure et même papier.

404. MUSSET (Alfred de). Illustrations pour les OEuvres d'Alfred de Musset : aquarelles par Eugène Lami, eaux-fortes par Adolphe Lalauze. *Paris, Damascène Morgand*, 1883, in-4, en feuilles dans un carton.

> Suite en épreuves avant la lettre, imprimée sur papier du Japon.

405. MUSSET (Alfred de). Nouvelles. Les deux Maîtresses ; Emmeline ; Le Fils du Titien ; Frédéric et Bernerette ; Pierre et Camille. Nouvelle édition illustrée d'un portrait gravé par Burney, d'après une miniature de Marie Moulin et de 15 compositions de F. Flameng et O. Cortazzo, gravées à l'eau-forte par Mordant et Lucas. *Paris, L. Conquet*, 1887, in-8, brochés.

> Un des 150 exemplaires (n° 62) imprimés sur papier vélin contenant les eaux-fortes en deux états ; avant et avec la lettre et le tirage a part des figures du texte.
> On y a joint l'épreuve refusée pour « *Emmeline* » en deux états également.

406. MUSSET (Alfred de). Lorenzaccio. Drame. Décoration d'Albert Maignan. *Paris, pour la Société des Amis des livres,* 1895, in-8, cartonnage souple en étoffe brochée.

> Tirage unique à 115 exemplaires (n° 66) imprimés sur PAPIER DE CHINE.
> Illustrations tirées en couleurs.

407. MUSSET (Alfred de). Mademoiselle Mimi Pinson, profil de grisette : eaux-fortes en couleurs par François Courboin. *Paris, les Cent bibliophiles,* 1899, in-12, broché (*Couvert. illust.*).

> Tirage unique à 115 exemplaires (n° 68) imprimés sur papier vergé ; contenant le TIRAGE A PART de toutes les illustrations.

408. MUSSET (Alfred de). Histoire d'un merle blanc. Compositions originales de H. Giacomelli, gravées au burin et à l'eauforte par L. Boisson. *Paris, L. Conquet, L. Carteret succ*, 1904, in-8, broché (*Couvert. illust.*).

> Édition tirée à 200 exemplaires (n° 74) imprimés sur papier vélin du Marais à la forme.

409. MUSSET (Alfred de). On ne badine pas avec l'amour. Proverbe en 3 actes, orné d'une couverture illustrée et de 35 lithographies originales par Louis Morin. *Paris, L. Carteret et C*. 1904. in-8, broché (*Couvert. illust.*).

> Édition tirée à 200 exemplaires (n° 46) sur papier vélin du Marais à la forme.
> On a joint le prospectus de cet ouvrage, plaquette contenant des lithographies de Louis Morin qui n'ont pas figuré dans l'ouvrage même.

410. NERVAL (Gérard de). Sylvie, souvenirs du Valois. Préface par Ludovic Halévy. 42 compositions dessinées et gravées à l'eau-forte par Ed. Rudaux. *Paris, L. Conquet.* 1886, in-12, broché.

> Exemplaire (n° 46) imprimé sur PAPIER DU JAPON ; contenant le TIRAGE A PART de toutes les illustrations.

411. NERVAL (Gérard de). La Main enchantée, préface de Jules de Marthold. Illustré d'un portrait et de 24 compositions par Marcel Pille, gravées au burin et à l'eau-forte par Le Sueur et Manesse. *Paris, L. Conquet,* 1901, in-12, broché.

> Un des 100 exemplaires (n° 96) imprimés sur PAPIER DU JAPON ; contenant les illustrations en deux états : AVANT et avec la lettre.

412. NERVAL (Gérard de). Histoire de la reine du Matin et de

Soliman prince des génies. *London, The Eragny press, « The Brook »*, 1909, pet. in-8, rel. souple, veau gris, plats ornés, non rogné, dans un carton (*Rel. angl.*).

> Tirage à 130 exemplaires (n° 66) imprimés sur papier vélin d'Arches pour les *Cent bibliophiles*.
> Compositions dessinées par *Lucien Pissarro*, gravées sur bois par *Esther* et *Lucien Pissarro*; le frontispice et les initiales tirés en couleurs.

413. NODIER (Charles). Histoire du roi de Bohême et de ses sept châteaux (par Charles Nodier). *Paris. Delangle frères*, 1830, in-8, dos et coins mar. rouge, fil., dos orné, tête dor., non rogné (*Allô*).

> Ouvrage orné de 50 vignettes de *Tony Johannot* dans le texte, gravées sur bois par *Porret*.

414. NODIER (Charles). Journal de l'expédition des Portes de Fer, rédigé par Charles Nodier. *Paris, Imprimerie royale*, 1844, gr. in-8, cartonn. cuir japonais, non rogné (*Magnin*).

> Cet ouvrage, rédigé sur les notes de S. A. R. le duc d'Orléans, est orné de 40 planches hors texte sur papier de Chine, avant la lettre, d'une carte, et de nombreuses vignettes dans le texte d'après *Raffet, Decamps, Dauzats*, etc.
> Exemplaire au nom de M. de Grave, officier d'ordonnance de Louis-Philippe.

415. NODIER (Charles). Contes. Eaux-fortes par Tony Johannot. *Paris, J. Hetzel.* 1846, gr. in-8, dos et coins mar. rouge, fil., dos orné, tête dor., non rogné (*Couvert. illust.*).

> PREMIER TIRAGE.
> Ouvrage orné de 8 eaux-fortes avant la lettre, tirées sur papier de Chine.
> Le premier plat seul de la couverture se trouve dans l'exemplaire.

416. NODIER (Charles). Le Bibliomane. Vingt-quatre compositions de Maurice Leloir, gravées sur bois par F. Noël. Préface de R. Vallery-Radot. *Paris. L. Conquet*, 1894, in-12, broché (*Couvert. illust.*).

> Exemplaire (n° 73) imprimé sur PAPIER DU JAPON ; contenant un TIRAGE A PART de toutes les illustrations.

417. NODIER (Charles). Le dernier Chapitre de mon roman. Préface de Maurice Tourneux. Nouvelle édition illustrée de trente-trois compositions de Louis Morin. *Paris. Librairie L. Conquet.* 1895, in-8, en feuilles dans un carton.

> Tirage à 200 exemplaires sur papier vélin blanc du Marais (n° 41).
> Exemplaire avec toutes les figures rehaussées à l'aquarelle.

418. NOGARET (F.). L'Aristenete français. Édition illustrée de

cinquante compositions de Durand, gravées à l'eau-forte par E. Champollion. *Paris, L. Conquet,* 1897, 2 vol. in-12, brochés.

> Tirage à 150 exemplaires.
> Celui-ci est un des 134 exemplaires (nº 69) imprimés sur papier vélin du Marais et contenant le TIRAGE A PART de toutes les illustrations.

419. NORVINS (de). Histoire de Napoléon, par M. de Norvins. Vignettes par Raffet. *Paris, Furne et C*[ie]. 1839, gr. in-8, chag. bleu, dos et plats entièrement ornés de filets droits et courbes entrelacés, fil. int., tr. dor. (*Rel. de l'époque*).

> PREMIER TIRAGE.
> Exemplaire dans une reliure de l'époque bien conservée..
> On y a ajouté la couverture de la 23ᵉ livraison.

420. OMAR KHAYYAM. Rubáiyát de Omar Kháyyám. Illustrations de Edmond Dulac. *Paris, H. Piazza et C*[ie]. *s. d.* (1910), in-4, broché (*Couvert. illust.*).

> Un des 300 exemplaires (nº 28) imprimés sur PAPIER DU JAPON.

421. ORTIGUE (Joseph d'). Le Balcon de l'Opéra. *Paris, Eugène Renduel.* 1833, in-8, frontispice sur Chine, cartonn. toile orange, non rogné (*Couvert.*).

> EDITION ORIGINALE.
> Sur le faux-titre, envoi autographe de l'auteur à Célestin Nanteuil, dessinateur du frontispice.

422. PARIS QUI CRIE. Petits métiers. Notices par Henry Spencer Ashbee, Jules Claretie, Henry Houssaye, Eugène Paillet, etc. Préface par Henri Béraldi. Dessins de Pierre Vidal. *Paris, imprimé pour les Amis des livres.* 1890, pet. in-4 carré, broché (*Couvert. illust.*).

> Tirage à 120 exemplaires; illustrations de *Vidal* en couleurs.
> Exempl. nº 18.

423. PELLICO (Silvio). Mes Prisons, suivies du Discours sur les devoirs des hommes. Traduction de M. Antoine de Latour..... Edition illustrée par Tony Johannot. *Paris, Charpentier,* 1843, gr. in-8, cartonnage original de l'éditeur, non rogné.

> PREMIER TIRAGE.
> L'impression du cartonnage est effacée.
> On a joint à l'exemplaire la couverture de la livraison nº 11.

424. PERRAULT (Charles). Contes de Perrault, précédés d'une notice sur l'auteur, par Paul-L. Jacob, et d'une dissertation sur les contes de fées par M. le Bᵒⁿ Walkenaer. Ouvrage orné de plus de 170 vignettes, dessinées par MM. Tony Johannot, Devéria,

Gigoux, etc., et gravées par Lacoste jeune. *Paris, L. Mame.*
s. d. (1836), in-8, cartonné (*Cartonn. de l'éditeur*).

> Bel exemplaire dans le cartonnage original bien conservé.

425. PERRAULT (Charles). Contes du temps passé par Charles
Perrault.... Précédés d'une notice littéraire sur Charles Perrault
par M. E. de La Bédollierre; illustrés par MM. Pauquet, Marvy,
Jeanron, etc... texte gravé par M. Blanchard. *Paris, L. Curmer.*
1843, gr. in-8, mar. bleu à longs grains, fil., fil. int., tr. dor.
(*Champs*).

> Premier tirage.

426. PETITS TABLEAUX VALAISANS. S. l. n. d. (*Vévey, chez
Sauberlin et Pfeiffer*. 1903), pet. in-4 oblong, cartonnage illustré
des éditeurs.

> Un des 550 exemplaires (n° 529) imprimé sur papier Montgolfier
> gris.
> Gravures et vignettes sur bois, tirées en couleurs.

427. PETITES MISÈRES DE LA VIE HUMAINE par Old Nick
et Grandville. *Paris. H. Fournier*. 1843. in-8, demi-rel. chag.
vert.. ébarbé.

> Premier tirage.
> Ouvrage orné de 50 planches hors texte, gravées sur bois.

428. PICTET (Adolphe). Une Course à Chamonix. Conte fantastique par Adolphe Pictet. *Paris. Benjamin Duprat*. 1838,
pet. in-8. broché.

> Edition originale ornée de 3 planches hors texte, tirées sur Chine.
> La couverture est fraîche.

429. PILON (Edmond). Scènes galantes et libertines des artistes
du xviiie siècle. *Paris. H. Piazza, s. d.* (1909). in-4, broché.

> Tirage à 300 exemplaires.
> Celui-ci est un des 275 (n° 179) imprimés sur papier de Hollande.
> Reproductions, en noir et en couleurs, d'estampes, dessins et tableaux
> du xviiie siècle.

430. PLEIADE (La). Ballades, fabliaux, nouvelles et légendes.
Homère, Veda Vyasa. Marie de France, Bürger, Hoffmann, Lud-
wig Tieck. Ch. Dickens, Gavarni, H. Blaze. *Paris, L. Curmer.*
1842, pet. in-8, cartonn., demi-toile bleue.

> Exemplaire contenant les figures du texte, tirées sur Chine, aux nou-
> velles intitulées *Rosemonde* et *Madame Acker.*

431. PRÉVOST (l'abbé). Histoire de Manon Lescaut et du cheva-

lier des Grieux. *A Paris*, 1860, 2 vol. in-18, fig., demi-rel. mar. vert.

> 8 figures de *Lefèvre*, gravées par *Coiny*.
> On y a joint la suite des 4 vignettes gravées sur acier par *Levasseur* d'après *Desenne* pour l'édition Paris, Werdet, 1827, in-8, et un portrait de l'auteur.

432. **PRINTEMPS DES CŒURS** (Le). Rabia el Kouloub ou le Printemps des Cœurs ; légendes sahariennes recueillies par Sliman ben-Ibrahim, traduites et illustrées par E. Dinet. *Paris, l'Edition d'art*, 1902, in-8 carré, broché (*Couvert. illust.*).

> Un des 260 exemplaires (n° 79) imprimés sur papier vélin à la cuve.

433. **QUEVEDO-VILLEGAS** (Francisco de). Histoire de don Pablo de Ségovie, surnommé l'aventurier Buscon. Traduite de l'espagnol et annotée par A. Germond de Lavigne, précédée d'une lettre de M. Charles Nodier. Vignettes de Henri Emy, gravées par A. Baulant. *Paris, Ch. Warée*, 1843, in-8, cartonn. demi-toile bleue, non rogné (*Couvert. et dos conserv.*).

> PREMIER TIRAGE.
> Bel exemplaire.

434. **QUEVEDO VILLEGAS** (Francisco de). Histoire de Pablo de Ségovie (el gran Tacaño). Traduite de l'espagnol et annotée par A. Germond de Lavigne. Illustrée de nombreux dessins par D. Vierge. *Paris, Léon Bonhoure*, 1882, pet. in-8, broché.

> Un des 40 exemplaires (n° 79) imprimés sur papier Whatman.

435. **RABELAIS**. Œuvres de Rabelais. *A Paris, chez Th. Desoer*, 1820, 3 tomes en 1 vol. in-18, mar. orange, fil. droits et courbes, fleurons aux angles et milieu orné, dos orné et mosaïqué, doubl. de mar. vert, large dent., non rogné (*David*).

> Jolie édition imprimée en caractères très fins et ornée d'un portrait et de 13 planches hors texte.
> Bel exemplaire.

436. **RABELAIS** (François). Œuvres de François Rabelais contenant la vie de Gargantua et celle de Pantagruel, précédées d'une notice historique sur la vie et les ouvrages de Rabelais par P.-L. Jacob. Illustrations par G. Doré. *Paris, J. Bry aîné*, 1854, gr. in-8, demi-chag. vert., tr. jasp.

> PREMIER TIRAGE.

437. **RAMBAUD** (Yveling). Force psychique par Yveling Rambaud. Illustrations de Albert Besnard, gravées sur bois par Flo-

rian. Préface par Victorien Sardou. *Paris, Ludovic Baschet,* 1889, in-4, broché.

> Un des 10 exemplaires (n° 3) imprimés sur PAPIER DU JAPON ; contenant deux états des planches hors texte dont un sur papier pelure du Japon signé à la mine de plomb en dehors de la partie gravée.

438. RÉGNIER (Henri de). Esquisses vénitiennes, avec 10 planches hors texte, gravées en taille-douce et des dessins dans le texte par Maxime Dethomas. *Paris, Collection de l'art décoratif.* 1906, in-4, broché (*Couvert. illust.*).

439. RÉGNIER (Henri de). Trois contes à soi-même. Miniatures de Maurice Ray, gravées par A. Bertrand. *Paris. Pour les Cent bibliophiles,* 1907, in-8 carré, en feuilles, dans un carton.

> Exemplaire n° 68, d'un ouvrage tiré à 130 exemplaires.
> Jolies illustrations tirées en couleurs.

440. RENAN (Ernest). Ma sœur Henriette, avec illustrations d'après Henri Scheffer et Ary Renan. reproduites par l'héliogravure. *Paris, Calmann Lévy,* 1895, gr. in-16, broché.

441. RENAN (Ernest). Le Broyeur de lin : avec préface des Souvenirs d'enfance et de jeunesse. Vingt-sept eaux-fortes originales de Ed. Rudaux. *Paris, L. Carteret et Cie,* 1901, in-8. broché (*Couvert. illust.*).

> Exemplaire (n° 34) de grand choix imprimé sur PAPIER VÉLIN DU MARAIS contenant les eaux-fortes en deux états : AVANT et avec la lettre.

442. RENARD (Jules). Les Philippe, précédés de Patrie ! décorés de cent un bois originaux, dont huit camaïeux, de Paul Colin. *Paris, Edouard Pelletan, s. d.,* in-8, broché.

> Exemplaire imprimé sur papier du Marais (n° 397) ; auquel on a ajouté le prospectus de l'ouvrage.

443. RENARD (Jules). Ragotte. Illustrations et gravures de Malo Renault. *Librairie de la Collection des dix. A. Romagnol, Paris,* (1909). In-8 jésus, broché (*Couvert. illust.*).

> Un des 35 exemplaires (n° 30) sur papier vélin d'Arches, comprenant les trois états des gravures. L'eau-forte pure, l'état terminé avec remarque et l'état terminé (en couleurs) avec lettre.
> L'exemplaire est orné sur le faux-titre d'une AQUARELLE ORIGINALE, avec envoi autographe, de MALO RENAULT.
> On a joint un portrait de l'auteur gravé sur bois, et tiré sur Chine.

444. RENAULT (Malo). Quelques-unes. 15 croquis de parisiennes

pour quelques-uns. Préface de Roger Marx. *S. l. n. d. (Paris,* 1909), in-4, en feuilles dans un carton.

> Tirage à 40 exemplaires imprimés sur grand papier vélin de Rives. Croquis de *Malo Renault* gravés en couleurs.
> Exemplaire n° 9 au nom de M. L. Manchon.

445. REVUE COMIQUE (La) à l'usage des gens sérieux. Novembre 1848 à Décembre 1849. *Paris, au bureau de la Revue comique,* 2 parties en 1 vol. in-4, figures, demi-rel. cuir de Russie, dos orné à froid.

> Tout ce qui a paru de cette publication, avec toutes les couvertures illustrées des livraisons sauf la 25°. La couverture de la 38° livraison n'existe pas.

446. REYBAUD (Louis). Jérome Paturot à la recherche d'une position sociale. Édition illustrée par J.-J. Grandville. *Paris, J.-J. Dubochet.* 1846. — Jérome Paturot à la recherche de la meilleure des républiques. Edition illustrée par Tony Johannot. *Paris, Michel Lévy,* 1849. — Ens. 2 vol. gr. in-8, demi-rel. chag. vert, dos orné, tr. jasp. (*Rel. de l'époque*).

> Premier tirage.
> Le titre du second volume est de second tirage.

447. RHUNE (Michel). L'Ile enchantée. Conte d'après Shakespeare, illustré par Edmond Dulac. *Paris. H. Piazza, s. d.,* in-4, broché.

> Exemplaire (n° 46) imprimé sur papier du Japon.

448. RICHEPIN (Jean). Les Débuts de César Borgia. *Paris, publié pour la Société des bibliophiles contemporains,* 1890, in-8, broché (*Couvert. illust.*).

> Edition tirée à 186 exemplaires (n° 94).
> Compositions de *Rochegrosse*, gravées à l'eau-forte par *Paul Avril, F. Courboin, Fornet* et *Manesse.*
> On y a joint le tirage à part en noir de toutes les illustrations.

449. RICHEPIN (Jean). Dernières chansons de mon premier livre. Edition originale décorée de vingt-quatre compositions de Steinlen. *Editions d'art, Edouard Pelletan, Paris,* 1910, pet. in-4, broché.

> Tirage à 300 exemplaires.
> Celui-ci est un des 240 exemplaires (n° 179) imprimés sur papier vélin à la cuve des papeteries du Marais.
> Lithographies de *Steinlen.*

450. RICHEPIN (Jean). La Chanson des gueux. Edition intégrale,

décorée de 252 compositions originales de Steinlen. *Editions d'art, Edouard Pelletan, Paris.* 1910, pet. in-4, broché.

> Exemplaire (n° 172) sur papier vélin à la cuve.
> On y a ajouté le prospectus de l'ouvrage.

451. RIVIÈRE (Henri). Les trente-six Vues de la Tour Eiffel par Henri Rivière. Prologue d'Arsène Alexandre. *Paris Eugène Verneau,* 1888-1902, in-4, oblong, cartonné.

> On y a joint le prospectus de l'ouvrage.

452. ROBIDA (A.). Voyage de fiançailles au xxᵉ siècle. Texte et dessins par A. Robida. *Paris, L. Conquet,* 1892, in-16, broché (*Couvert. illust.*).

> Tiré à 200 exemplaires sur PAPIER DE CHINE, non mis dans le commerce ; exemplaire offert par l'éditeur à M. Manchon.

453. RODENBACH (Georges). Bruges-la-Morte. Quarante-trois compositions originales d'après nature, dessinées et gravées sur bois par Henri Paillard. *Paris, L. Conquet, L. Carteret et Cⁱᵉ.* 1900, in-8, broché (*Couvert. illust.*).

> Tirage à 200 exemplaires.
> Un des 150 (n° 60) imprimés sur papier vélin du Marais à la forme.

454. SAINT-HILAIRE (Emile Marco de). Entre onze heures et minuit. — Devant la cheminée. *Paris, Hippolyte Souverain.* 1833, in-8, dos et coins mar. rouge à longs grains, fil., dos orné, couvert. (*Champs*).

> EDITION ORIGINALE ornée d'un frontispice d'*Edouard May*, gravé à l'eau-forte et d'une vignette de *Cherrier* également à l'eau-forte, tous deux tirés sur Chine.
> Sur la couverture (qui est doublée), envoi autographe de l'auteur.
> A la fin du volume on a relié le catalogue de Souverain, tiré sur papier jaune.

455. SAINTINE (X.-B.). Picciola. Edition illustrée de cent vingt-cinq vignettes gravées sur bois par Porret d'après les dessins de Mᵐᵉ L. Huet, et de MM. Tony Johannot, C. Nanteuil, etc. *Paris. Marchant,* 1843, in-8, demi-rel. chag. brun, dos orné, tr. jasp. (*Rel. de l'époque*).

> PREMIER TIRAGE.

456. SAINT-JUIRS. Le Cabaret des trois vertus. Illustrations de Daniel Vierge, gravées par Clément Bellenger. *Paris. L. Baschet. s. d.,* in-4, broché (*Couvert. illust.*).

> Un des 50 exemplaires (n° 11) imprimés sur PAPIER DE CHINE pour la librairie Conquet.

457. **SAINT-PIERRE** (J.-H. Bernardin de). Paul et Virginie. *Paris. L. Curmer. 25. rue Sainte-Anne.* 1838. Gr. in-8, mar. violet foncé, large filet à froid, compart. de 4 filets entrelacés sur les plats et le dos ; doubl. de veau vert orné d'un grand cadre et milieu de fers rocaille, encadrement de veau violet, fil., gardes de moire blanche, tête dor., ébarbé (*Dewalines*).

> Exemplaire de PREMIER TIRAGE, daté de la rue Saint-Anne.
> On y a ajouté le portrait du *Docteur* de la réimpression de Furne (1863) avec la lettre et le portrait anglais du *Docteur* dessiné par *F. Parsons* et gravé par *H. Cook.*
> Bel exemplaire.

458. **SAND** (George). La Mare au Diable. Edition enrichie de dix-sept illustrations composées et gravées par Edmond Rudaux. *Paris. Quantin.* 1889, gr. in-8, broché.

> Un des 100 exemplaires (n° 45) imprimés sur grand papier vélin du Marais pour la librairie L. Conquet, contenant les eaux-fortes en deux états : AVANT et avec la lettre.

459. **SAND** (George). François le Champi. Couverture illustrée et 31 compositions par A. Robaudi, gravées au burin et à l'eau-forte par Henri Manesse. *Paris, L. Conquet.* 1905, gr. in-8, broché (*Couvert. illust.*).

> Exemplaire (n° 32) imprimé sur papier vélin du Marais contenant les eaux-fortes en deux états : AVANT et avec la lettre, et le TIRAGE A PART des figures du texte.
> On y a joint le prospectus de l'ouvrage.

460. **SAND** (George). La bonne Déesse de la pauvreté, Ballade. Illustré de seize grandes lithographies par Albert Robida. *Paris. Angelo Mariani.* 1906. in-4, broché.

> Tirage unique à 124 exemplaires. Celui-ci est un des 100 exemplaires (n° 109) imprimés sur papier vélin fort.

461. **SARCEY** (Francisque). Le Théâtre. *Paris, Société artistique du livre illustré,* 1893, in-8, broché. étui.

> Exemplaire (n° 31) imprimé sur papier vélin du Marais, au nom de M. L. Manchon.

462. **SARGANT** (Alice). The Crystal ball. A child's book of fairy ballads. by Alice Sargant. Illustrations designed and drawn upon the wood by Mary Sargant Florence and cut by Ida Litherland. (*London*). *Published by Geo. Bell et Sons.* S. d., pet. in-8, cartonn. vélin, non rogné (*Cartonn. de l'éditeur*).

> Ouvrage imprimé sur papier vergé, orné de figures et d'initiales gravées sur bois. Les initiales sont, en partie, en couleurs.

463. SAUVAN. Diorama anglais ou promenades pittoresques à Londres, renfermant les notes les plus exactes sur les caractères, les mœurs et usages de la nation anglaise, prises dans les différentes classes de la société par M. S... (J.-B.-B.– Sauvan). *Paris, Jules Didot*, 1823, in-8, veau marb., dent., dos orné, tr. jasp. (*Rel. de l'époque*).

24 figures humoristiques coloriées, d'après *Cruikshank*.

464. SCARRON. Le Roman comique. Avec une préface par Paul Bourget. Eaux-fortes par Léopold Flameng. *Paris, Librairie des bibliophiles,* 1880, 3 vol. in-8, brochés.

Un des 170 exemplaires (n° 68) imprimés sur PAPIER DE HOLLANDE.

465. SCÈNES de la vie privée et publique des animaux. Vignettes par Grandville. Etudes de mœurs contemporaines publiées sous la direction de M. P.-J. Stahl, avec la collaboration de Messieurs de Balzac. — L. Baude. — E. de La Bédollière. — P. Bernard. — J. Janin. — etc., etc. *Paris, J. Hetzel et Paulin* [et *J. Hetzel*]. 1842. 2 vol. gr. in-8, demi-rel. veau rouge, dos orné, tête dor., non rognés (*Rel. de l'époque*).

PREMIER TIRAGE.
Exemplaire de tout premier tirage, avant le changement dans la légende du frontispice et les remaniements dans le texte apportés pendant le tirage, sauf pour la page 23 du tome premier où le texte a été remanié.

466. SCIAMA (André). Paris en sonnets. Illustré de vingt-neuf compositions par Henriot. *Paris, L. Conquet,* 1897, in-8, broché (*Couvert. illust.*).

Tiré à 300 exemplaires, non mis dans le commerce ; illustrations coloriées.

467. SEMIANE (Albert). Bagatelles, trois eaux-fortes d'Avril. *Paris, L. Conquet.* 1884. in-16, broché.

Un des 65 exemplaires (n° 12) imprimés sur PAPIER DE HOLLANDE, d'un recueil de poésies tiré, en tout, à 75 exemplaires.

468. SILVESTRE (Armand). Chroniques du temps passé. Le Conte de l'archer. Aquarelles de A. Poirson, gravées par Gillot. Impression chromotypographique par A. Lahure. *Paris, A. Lahure,* 1873. in-8, broché (*Couvert. illust.*).

Un des 50 exemplaires (n° 17) imprimés sur PAPIER DU JAPON ; contenant le TIRAGE A PART de toutes les illustrations en deux états sur PAPIER DU JAPON : en noir et en couleurs.

469. SILVESTRE (Armand). La Plante enchantée, par Armand

Silvestre. Illustrée par A. Robida. *Paris, Librairie illustrée*, 1895, in-4, broché (*Couvert. illust.*).

> Un des 50 exemplaires (n° 42) imprimés sur PAPIER DU JAPON.

470. SILVESTRE (Armand). Trente sonnets pour Mademoiselle Bartet. Portrait frontispice composé par Atalaya, gravé à l'eau-forte par F. Massé. *Paris, Henry Floury*, 1896, in-8, broché.

> Tiré à 200 exemplaires (n° 91) sur PAPIER DU JAPON ; contenant le portrait en deux états.

471. SIMON (Jules). Mémoires des autres. Illustrations de Noël Saunier, gravées sur bois par Charpentié, Méaulle et Quesnel. *Paris, Emile Testard*, 1890, in-12, broché (*Couvert. illust.*).

> Un des 30 exemplaires (n° 53) imprimés sur PAPIER DE CHINE.

472. SIMON (Jules). Nouveaux mémoires des autres. Illustrations de Léandre, gravées sur bois par Prunaire. *Paris, Emile Testard*, 1891. in-12, broché. (*Couvert. illust.*).

> Un des 25 exemplaires (n° 34) imprimés sur PAPIER DE CHINE.

473. SOIRÉES DE MÉDAN (Les) par Emile Zola, Guy de Maupassant, J.-K. Huysmans, Henri Céard, Léon Hennique, Paul Alexis. Avec les portraits des six auteurs, eaux-fortes de F. Desmoulin et six compositions de Jeanniot, gravées à l'eau-forte par L. Muller. *Paris, G. Charpentier*, 1890, in-8, broché.

> Un des 50 exemplaires (n° 29) imprimés sur PAPIER DE HOLLANDE ; contenant les eaux-fortes en deux états : AVANT et avec la lettre.

474. SONNETS ET EAUX-FORTES. *Paris, A. Lemerre*, 1869, in-4, pap. de Holl., dos et coins mar. rouge, tête dor., non rogné.

> Tirage à 350 exemplaires ; eaux-fortes de *Gaucherel, C. Nanteuil, Gustave Doré, Seymour Haden, Français, Corot, Jongkindt, Millet, Manet, Bracquemond*, etc.

475. SOULIÉ (Frédéric). Le Lion amoureux. Nouvelle édition illustrée de 19 vignettes dessinées par Sahib et gravées au burin sur acier par Nargeot. Avec notice historique et littéraire par Ludovic Halévy. *Paris, L. Conquet*. 1882, in-18 jésus, broché.

> Un des 100 exemplaires (n° 63) imprimés sur PAPIER DU JAPON.
> On y a joint le prospectus de l'ouvrage.

476. STAAL (Mme de). Mémoires de Madame de Staal (Mademoiselle Delaunay). Un portrait et trente compositions de C. Delort, gravés au burin et à l'eau-forte par L. Boisson. Préface de R. Vallery-Radot. *Paris, L. Conquet*, 1891, in-8, broché.

> Exemplaire (n° 70) de grand choix imprimé sur papier vélin du Ma-

rais contenant le TIRAGE A PART de toutes les illustrations et le portrait en deux états.

477. STAHL (P.-J.) Nouvelles et seules véritables aventures de Tom Pouce, imitées de l'anglais par P.-J. Stahl. Vignettes par Bertall. *Paris, J. Hetzel,* 1845, pet. in-8, dos et coins cartonn. toile grenat (*Couvert.*).

478. STEINLEN. Contes à Sara, dessins de Steinlen, gravés sur bois par A. Desmoulins. *Paris, L. Conquet,* 1898, in-8, broché.

Un des 50 exemplaires (n° 7) imprimés sur PAPIER DE CHINE.

479. STENDHAL. La Chartreuse de Parme, par M. de Stendhal (Henri Beyle). Réimpression textuelle de l'édition originale, illustrée de trente-deux eaux fortes par V. Foulquier. Préface de Francisque Sarcey. *Paris. Librairie L. Conquet,* 1883, 2 vol. in-8, brochés.

Un des 150 exemplaires sur PAPIER DU JAPON (n° 57), contenant les illustrations en deux états : AVANT et avec la lettre.
Prospectus de l'ouvrage en tête du premier volume.

480. STENDHAL. Le Rouge et le Noir, par M. de Stendhal (Henri Beyle). Réimpression textuelle de l'édition originale. Illustrée de 80 eaux-fortes par H. Dubouchet. Préface de Léon Chapron. *Paris. L. Conquet,* 1884, 3 vol. in 8, brochés.

Un des 75 exemplaires (n° 57) imprimés sur PAPIER DU JAPON, contenant les illustrations en deux états : AVANT et avec la lettre.
On y a joint le prospectus de l'ouvrage.

481. STENDHAL. L'Abbesse de Castro, avec illustrations de Eugène Courboin. *Paris, publié pour les sociétaires de l'Académie des beaux livres.* 1890, in-8, broché (*Couvert. illust.*).

Édition imprimée à 160 exemplaires (n° 94) sur papier vélin.

482. STERNE (Laurence). Voyage sentimental. Traduction nouvelle précédée d'un essai sur la vie et les ouvrages de Sterne par M. J. Janin. Edition illustrée par MM. Tony Johannot et Jacque. *Paris. Ernest Bourdin, s. d.* [1841], in-8. chag. rouge. comp. de fil., dor. et à froid. dos et angles ornés, dent int., tr. dor. [*Rel. de l'époque*].

PREMIER TIRAGE.
La planche « Sterne et le pâtissier », p. 193, manque.
Reliure de l'éditeur, fraîche.

483. STERNE (Laurence). Voyage sentimental en France et en

Italie. Traduction nouvelle, par Alfred Hédouin. Six eaux-fortes par Edmond Hédouin. *Paris, Librairie des bibliophiles.* 1875, in-8. mar. grenat, fil., droits et courbes, angles et dos ornés, dent. int., tr. dor., couvert. (*Lanscelin*).

Un des 15 exemplaires (n° 15) imprimés sur PAPIER DE CHINE, contenant les eaux-fortes en deux états : AVANT et avec la lettre.

484. THALASSO (A.). Deri Sé' adet ou Stamboul, porte du bonheur. Scènes de la vie turque. Illustrations de F. Zonaro. *L'Édition d'art. H. Piazza et C*. *S. d.* (1908). Gr. in-8 carré, broché (*Couvert. illust.*).

Un des 258 exemplaires (n° 175) tirés sur papier vélin à la cuve. Le tirage entier de l'ouvrage a été fait à 300 exemplaires.
Illustrations en couleurs.

485. THÉATRE LYONNAIS de Guignol. Publié pour la première fois avec une introduction et des notes. *Lyon. N. Scheuring.* 1865-1870. 2 vol. in-8, brochés (*Couvert. illust.*).

ÉDITION ORIGINALE.
Les pièces qui composent ce volume sont dues à Laurent Mourguet, Jacques Mourguet, son fils, Louis Jousserand, son gendre, Louis et Laurent Mourguet, ses petits-fils, et Victor-Napoléon Vuillerme Durand, beau-frère du dernier.

486. THEURIET (André). Sous bois. Nouvelle édition, illustrée de soixante-dix-huit compositions de H. Giacomelli. gravées sur bois par Berveiller. Froment, Méaulle et Rouget. Préface de Jules Claretie. *Paris. L. Conquet.* 1883. pet. in-8, broché (*Couvert. illust.*).

Exemplaire (n° 99) imprimé sur PAPIER DE CHINE, auquel on a ajouté une AQUARELLE ORIGINALE de H. GIACOMELLI, sur Japon et l'ex-libris de L. Conquet, également tiré sur papier du Japon.

487. THEURIET (André). Les OEillets de Kerlaz. Édition originale. illustrée de quatre eaux-fortes de Rudaux. de huit en-têtes et culs-de-lampe de Giacomelli, gravés par T. de Mare. *Paris. L. Conquet.* 1885, in-18, broché.

Exemplaire imprimé sur PAPIER DU JAPON, offert par l'éditeur à M. Manchon.

488. THEURIET (André). Fleurs de Cyclamens. Illustrations de Ch. Coppier. *Paris. imprimé pour A. Girard.* 1899, pet. in-4, broché (*Couvert. illust.*).

Tirage unique à 115 exemplaires (n° 49) imprimés sur papier vélin d'Arches, contenant pour une planche la décomposition des couleurs.
On y a joint 15 épreuves refusées ou modifiées dont plusieurs doubles.

489. TILLIER (Claude). Mon oncle Benjamin. Nouvelle édition illustrée d'un portrait frontispice et de 42 dessins de Sahib. gravés sur bois par Prunaire. Avec une préface par Monselet. *Paris. L. Conquet*, 1881, 2 vol. in-8, brochés (*Couvert. illust.*).

Un des 50 exemplaires (n° 126) imprimés sur papier vélin blanc.

490. TÖPFFER. Monsieur Pencil (par R. Töpffer). *Paris. A. Cherbuliez*, 1840, pet. in-4 oblong, broché (*Couvert. illust.*)·

Édition originale.

491. TÖPFFER. Le Docteur Festus (par R. Töpffer). *Paris, A. Cherbuliez, s. d.* (1840), pet. in-4, oblong, broché (*Couvert. illust.*).

Édition originale.
Déchirure à la couverture.

492. TÖPFFER. Voyages en zigzag ou excursions d'un pensionnat en vacances dans les cantons suisses et sur le revers italien des Alpes. Illustrés d'après des dessins de l'auteur et ornés de 15 grands dessins par M. Calame. *Paris. chez J.-J. Dubochet et C°*, 1844, gr. in-8, dos et coins mar. La Vall., fil., dos orné, tête dor.

Premier tirage.

493. TÖPFFER. Nouvelles genevoises. Illustrées d'après les dessins de l'auteur ; gravure par Best, Leloir, Hotelin et Regnier. *Paris, J.-J. Dubochet et C°*, 1845, in-8, cartonn. toile fers spéciaux (*Rel. des éditeurs*).

Premier tirage.
Ouvrage orné de 40 planches hors texte gravées sur bois.

494. TÖPFFER. Histoire d'Albert, par Simon de Nantua [pseudonyme de Rodolphe Töpffer]. *Genève*, 1845, pet. in-4 oblong, broché (*Couvert. illust.*).

Édition originale.

495. TÖPFFER. Nouveaux voyages en zigzag à la Grande-Chartreuse, autour du Mont-Blanc, etc. Précédés d'une notice par Sainte-Beuve. Illustrés d'après les dessins originaux de Töpffer par MM. Calame. Karl Girardet, Français, d'Aubigny. De Bar, Gagnet, Forest. *Paris. Victor Lecou*, 1854, gr. in-8. cartonn. toile. fers spéciaux (*Rel. des éditeurs*).

Premier tirage.
Ouvrage orné de 48 planches hors texte.

496. TOUDOUZE (Gustave). La Vengeance des Peaux-de-bique. Illustrations de J. Le Blant. *Paris, Hachette et Cie*, 1896, gr. in-8, broché.

> Un des 50 exemplaires (n° 55) imprimés sur PAPIER DE CHINE, réservés à la librairie L. Conquet.

497. TROGAN. Les Mots historiques du pays de France. Texte par Trogan ; illustrations de Job. *Tours, Alfred Mame et fils*, 1896, in-4, en feuilles dans un carton (*Couvert. illust.*).

> Un des 25 exemplaires (n° 13) imprimés sur PAPIER DU JAPON.

498. TYPES DE PARIS (Les). Texte par Ed. de Goncourt, Al. Daudet, Emile Zola. Henry Greville, Guy de Maupassant, etc., etc. Dessins de J.-François Raffaëlli. *Paris. E. Plon, Nourrit et Cie, s. d..* in-4, broché (*Couvert. illust.*).

499. UZANNE (Octave). L'Eventail. Illustrations de Paul Avril. *Paris. A. Quantin,* 1882, in-8, en feuilles dans un emboîtage de soie bleue.

> On y a joint une eau-forte de *Henry Somm* tirée sur papier du JAPON.

500. UZANNE (Octave). L'Ombrelle, Le Gant, Le Manchon. Illustrations de Paul Avril. *Paris, A. Quantin,* 1883, in-8, broché, dans un emboîtage de soie rose.

501. UZANNE (Octave). La Femme à Paris. Nos contemporaines. Notes successives sur les parisiennes de ce temps dans leurs divers milieux, états et conditions. Illustrations de Pierre Vidal. *Paris. Quantin,* 1894, gr. in-8. broché (*Couvert. illust.*).

> Un des 110 exemplaires (n° 43) imprimés sur PAPIER DU JAPON, contenant les figures hors texte en deux états : AVANT et avec la lettre, en noir et en couleurs.
> On y a joint une couverture en satin, avec ornements brodés en soies de diverses couleurs, contenant un titre imprimé et la figure du titre général du livre.

502. UZANNE (Octave). La Panacée du capitaine Hauteroche, par Octave Uzanne. Illustrations hors texte, à l'aquarelle, par Eugène Courboin. *A Paris. Henry Floury,* 1899. in-4, broché (*Couvert. illust.*).

> Un des 50 exemplaires (n° 15) imprimés sur PAPIER DU JAPON.

503. VALLERY-RADOT (René). La Vie de Pasteur. *Paris. Hachette et Cie.* 1900, in-8, mar. La Vall., fil.. dos orné et mosaïqué, fil. int., tr. dor., couvert. et dos cons. (*Ch. Meunier*).

> Envoi de l'auteur sur le faux-titre.

5o4. VAUCAIRE (Maurice). Vingt masques. Dessins de Louis Morin. *Paris, A. Rouquette, s. d.*, pet. in-8, broché (*Couvert. illust.*).

> Tirage à 100 exemplaires (n° 27) imprimés sur PAPIER DU JAPON, contenant le TIRAGE A PART sur CHINE de toutes les illustrations.

5o5. VAUCAIRE (Maurice). Petits Chagrins. Frontispice de L. Métivet. *Paris, Paul Ollendorff,* 1894, in-18, broché (*Couvert. illust.*).

> Un des 20 exemplaires (n° 17) imprimés sur PAPIER DU JAPON.

5o6. VERLAINE (Paul). Fêtes galantes. *Paris, Alphonse Lemerre.* 1869, pet. in-12, cartonn. de mar. rouge, jans., non rogné, couvert. (*Carayon*).

> EDITION ORIGINALE.
> Exemplaire orné, sur les marges, de 16 AQUARELLES ORIGINALES de LOUIS MORIN.

5o7. VERLAINE (Paul). La bonne Chanson. *Paris. Alphonse Lemerre.* 1870, pet. in-12, broché.

> EDITION ORIGINALE.

5o8. VERLAINE (Paul). Sagesse. *Paris, Victor Palmé,* 1881, in-8, demi-rel. mar. gris, dos orné, tête dor., non rogné (*Couvert.*).

> EDITION ORIGINALE.
> Sur le faux-titre, envoi autographe de l'auteur à Rodolphe Darzens.

5o9. VERLAINE (Paul). Les Mémoires d'un veuf. *Paris, Léon Vanier,* 1886. in-12, broché.

> EDITION ORIGINALE.

51o. VERLAINE (Paul). Louise Leclercq. *Paris, Léon Vanier.* 1886, in-12, broché.

> EDITION ORIGINALE.

511. VERLAINE (Paul). Amour. *Paris, Léon Vanier.* 1888, in-12. broché.

> EDITION ORIGINALE.
> Un des 50 exemplaires imprimés sur PAPIER DE HOLLANDE.

512. VERLAINE (Paul). Parallèlement. *Paris, Léon Vanier,* 1889. in-12, broché.

> EDITION ORIGINALE.

513. VERLAINE (Paul). Dédicaces. Dessin de A.-F. Cazals,

gravé par Maurice Baud. *Paris, Bibliothèque artistique et littéraire*, 1890, in-16, broché.

EDITION ORIGINALE tirée à 350 exemplaires (n° 231), non mis dans le
commerce.

514. VERLAINE (Paul). Bonheur. *Paris, Léon Vanier*, 1891,
in-12, broché.

EDITION ORIGINALE.

515. VERLAINE (Paul). Mes hôpitaux. *Paris, Léon Vanier*, 1891,
in-12, port., broché.

EDITION ORIGINALE.

516. VERLAINE (Paul). Quinze jours en Hollande. Lettres à un
ami. Avec un portrait de l'auteur par Ph. Zilcken. *Paris, Léon
Vanier, s. d.* (1893), in-4, broché.

EDITION ORIGINALE.
Exemplaire imprimé sur papier vergé.

517. VERLAINE (Paul). Mes prisons. *Paris, Léon Vanier*, 1893,
in-12, broché.

EDITION ORIGINALE.
Un des 25 exemplaires (n° 9) imprimés sur PAPIER DE HOLLANDE ;
portrait ajouté.

518. VERLAINE (Paul). Dans les limbes. *Paris, Léon Vanier*,
1894, in-12, broché.

EDITION ORIGINALE.
Un des 20 exemplaires (n° 9) imprimés sur PAPIER DU JAPON, auquel
on a ajouté le manuscrit original de l'auteur pour le IVe chapitre inti-
tulé « *Bonjour* » et 2 portraits de Verlaine dont un sur papier de Chine.

519. VICAIRE (Gabriel). Rosette en paradis. Quinze eaux-fortes
en couleurs par Louis Morin. *Gravé et imprimé pour les Amis des
livres*, 1904, in-8, broché (*Couvert. illust.*).

Tiré à 115 exemplaires (n° 32).
On y a joint les bonnes feuilles d'une autre impression de ce poème.

520. VIGNY (Alfred de). Servitude et grandeur militaires. Dessins de Julien Le Blant, gravés à l'eau-forte par Champollion.
Paris, Librairie des bibliophiles, 1885, gr. in-8, broché.

Un des 30 exemplaires (n° 21) imprimés sur PAPIER DE CHINE ; contenant les eaux-fortes en deux états : AVANT et avec la lettre.

521. VILLIERS DE L'ISLE ADAM (Cte de). Akédysséril. *Paris*,

de Brunhoff, 1886, in-8, portrait, dos et coins toile rouge, non rogné (*Couvert.*).

> Première édition illustrée, imprimée sur PAPIER DU JAPON : contenant
> le frontispice de *Rops* en 3 états et le tirage à part des 2 vignettes.

522. VILLON (Jacques). Impressions, dessinées d'après nature et
lithographiées par Jacques Villon. *Paris, Ed. Sagot, s. d.*, in-4,
broché (*Couvert. illust.*).

> 10 lithographies en couleurs tirées sur PAPIER DE CHINE.

523. VILLON (François). Œuvres de François Villon. Texte re-
visé et préface par Jules de Marthold. Quatre-vingt-dix illustrations en deux teintes de A. Robida. *Paris, L. Conquet, 1897*,
in-8, broché (*Couvert. illust.*).

> Un des 150 exemplaires (n° 75) imprimés sur PAPIER DE CHINE ; con-
> tenant le TIRAGE A PART, en noir tiré sur Chine, de toutes les illustrations.

524. VILLON (François). Les Regrets de la belle Heaulmière. Conte
imagé et gravé à l'eau-forte par Léon Lebègue. *Paris, A. Blaizot,
1909*, in-4, en feuilles dans un carton.

> Tirage à 100 exemplaires.
> Un des 97 (n° 35) imprimés sur papier de Hollande teinté, coloriés à
> la main, contenant la suite de toutes les gravures au trait, tirée sur
> Chine en noir.

525. VIRGILE. Les Eglogues de Virgile. Préface par E. Gebhart.
Texte établi par H. Goelzer. Avec les illustrations d'Adolphe Giral-
don, gravées sur bois en couleurs par Florian. *Paris, Plon,
Nourrit et Cie, s. d. (1907)*, in-4, en feuilles dans un carton.

> Un des 20 exemplaires (n° 7) imprimés sur PAPIER A LA FORME des
> usines d'Arches ; contenant le TIRAGE A PART de toutes les gravures sur
> JAPON MINCE.
> On y a joint le prospectus de la publication.
> Beau livre, très recherché.

526. VIRGILIUS. Carmina omnia. Perpetuo commentario ad modum Joannis Bond explicuit Fr. Dubner. *Parisiis ex typographia
Firminorum Didot, 1858*. In-16, mar. La Vall., fil. à froid, or-
nement à froid au milieu des plats, tr. dor.

> Petites photographies d'après des peintures de *F. Barrias*, en tête des
> chapitres.

527. VIVANT-DENON. Point de lendemain. Conte illustré de
treize compositions de Paul Avril. *Paris, P. Rouquette, 1889*,
in-8, broché (*Couvert. illust.*).

> Un des 75 exemplaires (n° 46) imprimés sur PAPIER DU JAPON ; conte-
> nant les illustrations en deux états : AVANT et avec la lettre.

528. **VOGÜÉ** (E.-M. de). Le Manteau de Joseph Olenine. Portrait gravé par A. Lamotte. *Paris, L. Conquet*, 1889, in-16, broché.

> Exemplaire imprimé sur papier vélin du Marais, offert par l'éditeur à M. Manchon.

529. **VOLTAIRE**. Zadig ou la destinée. Histoire orientale par Voltaire. *Paris, imprimé pour les Amis des livres*, 1893, gr. in-8, mar. vert, encad. de fil., angles et dos ornés, large dent. int., tr. dor., couvert. (*Marius-Michel*).

> Édition tirée à 115 exemplaires, ornée de figures en couleurs gravées par *Gaujean* d'après les dessins de *Félicien Rops, J. Garnier*, et *A. Robaudi*. Chacune des planches est accompagnée des tirages successifs de chaque couleur.

530. **VORAGINE** (J. de). La Légende dorée. Traduction française de H. Piazza. Dessins et lithographies de A. Lunois. *Paris, Librairie artistique, G. Boudet*, 1896, in-4, broché (*Couvert. illust.*).

> Ouvrage tiré à 210 exemplaires.
> Celui-ci est un des 150 exemplaires (n° 188) imprimés sur papier vélin à la forme.

531. **VOYAGE DE CHAPELLE ET BACHAUMONT**, suivi de quelques autres voyages dans le même genre. *Paris, à la Librairie moderne*, 1826, in-32, mar. brun, jans., pet. dent. int., tr. dor.

> Édition imprimée en caractères très fins.

532. **VOYAGE OU IL VOUS PLAIRA**, par Tony Johannot, Alfred de Musset et P.-J. Stahl. *Paris, J. Hetzel*, 1843, gr. in-8, dos et coins chag. rouge, dos orné, tête dor., ébarbé.

> PREMIER TIRAGE.
> Ouvrage orné de 63 planches hors texte gravées sur bois.

533. **WILDE** (OSCAR). Salomé. Drame en un acte. *Paris, imprimée pour les souscripteurs*, 1907, pet. in-4, broché.

> Édition tirée à 500 exemplaires imprimés pour les souscripteurs et non mis dans le commerce.
> Celui-ci est un des 400 exemplaires imprimés sur papier vergé anglais, contenant les 16 planches tirées sur PAPIER DU JAPON.

534. **WILDE** (Oscar). Salome, a tragedy in one act; translated from the french of Oscar Wilde, with sixteen drawings by Aubrey Beardsley. *London, John Lena*, 1907, in-8 carré, cartonn. fers spéciaux (*Rel. de l'éditeur*).

> Le texte est imprimé sur papier de Hollande et les 16 illustrations sont tirées sur Japon.

535. WILLETTE (Adolphe). OEuvres choisies. Contenant 100 dessins choisis dans le *Courrier français* de 1884 à 1901. Préface illustrée de l'auteur. *Paris, H. Simonis Empis,* 1901, gr. in-8, broché (*Couvert. illust.*).

Un des 50 exemplaires (n° 65) imprimés sur PAPIER DE CHINE.

536. ZILCKEN (Philippe). Impressions d'Algérie. Édition ornée de quinze pointes sèches originales par Philippe Zilcken. Préface par Léonce Bénédite. *Paris, H. Floury,* 1910, in-4, broché.

Un des 8 exemplaires (n° 2) imprimés sur PAPIER DU JAPON avec double état des pointes sèches dont UNE SUITE AQUARELLÉE.

537. ZO D'AXA. Les Feuilles. Dessins de Steinlen, Willette, Léandre, Hermann Paul, Couturier, Anquetin, Luce. *Paris, Société libre d'édition des gens de lettres,* 1900, in-8, broché (*Couvert. illust.*).

Un des 25 exemplaires (n° 4) imprimés sur PAPIER IMPÉRIAL DU JAPON, auquel on a joint une des 57 suites des illustrations tirées à part sur papier de Chine, de format in-4.

538. ZOLA (Émile). Nouveaux contes à Ninon. 1 frontispice et 30 compositions dessinées et gravées à l'eau-forte par Ed. Rudaux. *Paris, L. Conquet,* 1886, 2 vol. pet. in-8, brochés.

Un des 150 exemplaires (n° 51) imprimés sur PAPIER IMPÉRIAL DU JAPON ; contenant un TIRAGE A PART des illustrations du texte et les eaux-fortes hors texte en deux états : AVANT et avec la lettre.

ORDRE DES VACATIONS

Première vacation. — Mardi 6 Juin 1911.

N°s 1 à 41
44 à 178
42 et 43

Deuxième vacation. — Mercredi 7 Juin 1911

N°s 179 à 301
303 à 317
319 à 359
302 et 318

Troisième vacation. — Jeudi 8 Juin 1911

N°s 360 à 528
530 à 538
529

A la fin de cette vacation on vendra deux grandes bibliothèques en chêne.

CHARTRES. — IMPRIMERIE DURAND, RUE FULBERT.